U0517439

新零售革命

卓越店长21天核心话术突破

朱朋虎 著

华夏出版社
HUAXIA PUBLISHING HOUSE

图书在版编目（CIP）数据

新零售革命：卓越店长21天核心话术突破 /朱朋虎著. -- 北京：华夏出版社，2017.10

ISBN 978-7-5080-9295-9

Ⅰ.① 新… Ⅱ.①朱… Ⅲ.①零售业—商业经营 Ⅳ.① F713.32

中国版本图书馆 CIP 数据核字（2017）第 219210号

新零售革命：卓越店长21天核心话术突破

作　　者　朱朋虎
责任编辑　王秋实　许　婷

出版发行　华夏出版社
经　　销　新华书店
印　　刷　北京京都六环印刷厂
装　　订　北京京都六环印刷厂
版　　次　2017 年 10 月北京第 1 版　2017 年 10 月北京第 1 次印刷
开　　本　880×1230　1/32开
印　　张　7
字　　数　120 千字
定　　价　36.00 元

华夏出版社　网址:www.hxph.com.cn 地址：北京市东直门外香河园北里 4 号 邮编：100028
若发现本版图书有印装质量问题，请与我社营销中心联系调换。电话：（010）64663331（转）

前 言　这本《新零售革命》能带给你什么?

一、任何能力未变成本能之前,都不属于自己

在我看来,任何能力未变成本能之前,都不属于自己。"喝了这么多鸡汤,依然过不好这一生",其本质就是对前句话的注解。

顺境的时候,人们面对同样的事情做出的决策都差不多,本质上不会有太大的差别,大多由理性主导;逆境的时候,人们面对同样的事情做出的决策则天差地别,这个时候由本能主导。

什么叫本能?

维基百科:"是指一个生物体趋向于某一特定行为的内在倾向。本能的最简单例子就是钥匙刺激(FAP),指的是对于一种可清晰界定的刺激,生物体会回应以一系列固定的动作,时间长度由很短到中等。"

什么叫钥匙刺激？

维基百科："在本能理论里面，钥匙刺激指的是一种刺激模式 (即一种特定的刺激或是几种特定的特征的组合)，当它被感知后就会得到本能运动的应答。"

人们面对顺境的时候，对未来的安全感信心充足，更加自信，更加勇敢，更加具有冒险精神。

而人们面对逆境的时候，对未来的安全感信心不足，更加消极，特别是面对危及生命的时刻。

人类自动启动本能模式，这类本能根植于基因内，不可改变，潜力超出我们的想象力，甚至不可想象。运行模式为不需要思考，自动产生行为。

越是危险紧急，人决策的速度越快，显意识无法控制这一切，是受潜意识控制。比如，危及生命和改变命运的关键时刻。

乱世出英雄，也是这类本能的诱因。这是人类在进化过程中，面对自然灾害、战争等不断积累的基因。求生的欲望主导一切，其他全部被排除在外，这是环境迫使人类被动选择、被动刻意练习的结果，也是不得不做出的行为，所以原始且本能，但这个技能也还是刻意练习获得的。当现代人可以战胜自然灾害、避免战争时，这类行为就渐渐被终止了，但依然根植于基因内。

那么，安全感增加，按照马斯洛的需求层次理论，人们自然而然追求更高级的需求。我认为这是人类内因，也就是内在驱动，欲望越强，重复的次数越多，就会进化成人类的本能，存储在基因中。

因为不管是主动训练还是被动训练，任何技能都是通过练习获得的。作家格拉德威尔在《异类》一书中指出："人们眼中的天才之所以卓越非凡，并非天资超人一等，而是付出了持续不断的努力。一万小时的锤炼是任何人从平凡变成世界级大师的必要条件。"他将此称为"一万小时定律"。

要成为某个领域的专家，需要一万小时。如果每天工作八个小时，一周工作五天，那么成为一个领域的专家至少需要五年。这就是一万小时定律。

一万小时定律，意即刻意练习到一定程度，可以成为本能，根植于基因内，在关键时刻，自动启动。

有句话说，成大事者，靠本能做事。意思就是：一方面是根植于基因内的潜能；另一方面是一万小时刻意练习改造后的潜能。

人类聪明的大脑总是能在关键时刻做出最优选择。

这里有一个风险，如果你刻意练习的是不好的能力，这就很危险了。比如，你在工作中，给多少回报就干多少事情，能少干就少干，坚决不多干。这便是：

刻意地练习了偷懒。

等到关键时刻，你的选择无非是偷懒。

起主要作用的是习惯，长久以来的思维惯性和偏好，会对此时的选择产生影响。平常思考越深入、越持续，面对选择时越轻松。

持续写作，是训练思考能力、在关键时刻做出正确选择的最好方法。

由于我们大脑的思考能力，受到知识面的限制，所以输入非常重要，要大量输入，特别是基础知识的输入。我认为，每个领域的基础学科都要输入，因为对一个人的成长来说，它们相当于一栋大楼的根基。

二、投资自己

大多数的人不是不知道学习可以改变命运，更不是不知道"付费学习"是快速筛选有价值知识的最有效方法，但是他们太恐惧了，他们恐惧花钱。

一个女孩竟然舍不得自己花钱吃一次哈根达斯，一个男孩竟然舍不得为自己买一双耐克运动鞋。因为他们始终担心，准确地说是恐惧，他们总是有种心理："钱太难赚了，花了就没了，我要存钱。"

于是，他们接触的知识的质量就很低，知识的质量决定了赚钱的天花板高度。这在我看来就是恶性循环。他们花费大量的时间和精力省钱，而不是去投资自己。他们也从未投资过自己，更没有认真地思考过这个问题。

三、能力高潮

认知的积累是不可逆的，前提是必须突破临界点。人是被环境所塑造的，不同地区的人有不同的特点。

我们要接受不能选择的，改变可以选择的。

父母、孩子是不能选择的。

工作、环境是可以选择的。

无论如何都要把手上的事情做好，之后的思考都是自动在此基础之上的思考。

大多数人一直花费大量的时间去寻找或者等待一个让自己喜欢的事业，或者是自己认为自己想要去从事的事业。大量的案例证明，某一件事做到最好，才能正确思考，因为事物本质上是相通的。**于是花费了或者是浪费了很多的时间，甚至是一生的时间，到头来，他们的口头语是："如果当时我怎么样……我就会怎么样……"**

很多人选择做销售，大都是被迫的，没有什么喜欢不喜欢，为了生活、生存等。因为做销售离钱最近，卖掉、收钱，简单粗暴，快速反馈。

这一次又一次的成交，无限可能的收入，是刺激销售人员不断前进的动力。

在美国，销售员的社会等级非常高，如果你是行业第一名，总统都会接见你。

大体有两类销售员：第一类，真正把销售做到了最好。很多成功的企业家，第一份职业都是销售员。这些企业家有个共同的特点：做销售时，是行业销售的佼佼者。比如，李嘉诚、孙正义等；第二类，没有习得真正的销售能力。人的任何一项技能都是通过刻意练习获得的，这类人在工作中，之所以没有习得这个技能，是因为遇到困难时便放弃了。

有些东西看见了也就看见了，知道了也就知道了，但再也回不去了。

人一旦突破认知，所有的一切就将改变，全部在此基础上进行。

一旦体验到从未有过的"能力高潮"，思考就更具价值了。

就拿我来说吧，我是一个性格内向、被同学誉为全班最老实的人，竟然在销售岗位成为冠军，这在很多人看来是不可思议的，但是在我看来，这是必然的。

我曾做了 9 个月时间的销售，然后离职了，当时，我认为做销售一定不是我的职业，后来我干了非销售类的工作，干了 14 个月，我发现根本没有什么发展前景。然后，我创业，开了家喷绘写真店，运营6 个月后倒闭了。之后我一路失败、遇挫、绝望。后来，我再次被迫做销售。在一线销售岗位上一做就是 6 年，也许是因为有前面的失败经历，我不再去想太多，所以踏实地把手上的工作做好。

也许只剩下这一条路可走，要把销售做到最好，也只能把销售做好。终于有一天我突破了自己的瓶颈，成了销售冠军。在那一刻，我所有的认知都改变了，原来我可以这么强大，原来我也可以做更多的事情，我的自信心爆棚。

我被公司提升为组长，我的目标就是把组长做到最好。

我被提升为店长，我的目标就是把店做到最好。

我被提升为区域经理，我的目标就是把更多的店做好。

在这个过程中，我总结出检验自己是否完全掌握技能的两个方法：

1.是否能教会别人。

2.是否变成本能。

但是，如果没有之前扎实的工作基础，如果没有体验到"能力高潮"，我是没有机会得到提升的。得不到公司的提升，能力就得不到锻炼，更谈不上未来有更大的发展了。

四、用时间换世界

我认为，就做销售这一职业而言：**用时间换世界。**

这是你实现收入倍增的唯一途径，没有之一。具体如下：

增加单位时间的售价；

把同样的一份时间出售多次；

购买时间，再销售出去。

以上是用时间换世界最基本的方式。

那么，对一名成功的销售员来说，如下：

教会更多的人销售，是通往收入倍增最快的通道；

能教会多少人，就能带多大的团队；

事实上就是变相购买了这些人的时间；

现在，让我们再回到原点！

你需要刻意练习以获得一种终身有效的技能——销售能力，并持续训练将其成为自己的本能。

接下来，请跟随我在本书中为你制订的 21 天学习计划，日进一阶！

目录
Contents

去做，没有任何理由！

DAY
1

观点：去做，没有任何理由!

有用的东西，往往是显而易见的，重要的东西，更是显而易见的，以至于太"显而易见"而被大多数人忽略。有一双大大的眼睛却什么也看不到，不要以为只有文盲才是"睁眼瞎"，即便识字，瞪大眼睛却看不懂，还是"睁眼瞎"。

这些问题其实我每天都在思考，因为我也在成长，与其苦苦追逐高深莫测的东西，不如把信手拈来的概念先琢磨清楚,得到的反而更多。

因为有个不争的事实：金钱 = 技能 + 运气。

"技能"是需要刻意练习（需要大量的持续的学习和行动）的，而且刻意练习本身就是一种能力。运气是不可持续的。

其实还有一个更精确的说法：**所有的金钱都是技能变现的结果。**

销售的技能是人最重要的技能之一，难道不是吗？离钱最近的，也是销售，难道不是吗？

技能这东西，你会了就会了，就像有很多东西，你看见了就看见了，根本无法回到你没有看见的状态（心态）。就拿学骑自行车这件事来说吧，一旦你学会，50 年不让你骑，50 年以后，你仍然还会骑；学游泳也是一样，一旦你学会了，50 年不游泳，50 年以后，你一样会游泳。前一段时间一个男人因为失恋自杀，选择跳河，却怎么也没有死掉，究其根源，原来是因为他会游泳。

现在有个机会，只要自行选择按照要求去践行 21 天，你就能习得终身有效的销售能力。

实际上，当你开始践行的时候，就已经"甩开很多人几条街了"。

其实，最需要践行这 21 天的人是在一线作战的销售员，但是这个群体中的很多人却偏偏不愿意去学习，这也恰恰验证了"睁眼瞎"这个概念。

如果你是老板或是管理者，请千万不要替他们付费，因为刻意练习只在自我驱动下才有效，这个过程非常痛苦。在我看来，真正的践行之路是自我驱动，心甘情愿，否则会半途而废。

如果你正在做销售，看了这些内容，你也许会说，这也太简单了，这还用你说？那么我想问你，既然你认为简单，那你怎么还没有实现财务自由呢？

给你举个例子吧，我们看婴儿学说话，如下：

妈妈："叫妈妈！"

婴儿："妈妈！"

"妈妈带你去玩好不好？"

婴儿："好！"

"妈妈带你去吃屎好不好？"

婴儿依然回答："好。"

我们每个人学说话，不是先理解，才会说，而是先会说，才理解。

因此，习得任何一项技能最快速的方式是：去做！去做！去做！

提 醒

本书的这些内容，是我从事手机销售 15 年来使用频率最高、最有说服力、最容易成交，且是经过 15 年沉淀依然留在大脑里，可以随时随地被调用的话术精华，这些话术，需要反复练习，并要用各种语调进行反复练习。

如果你不能按照要求持续践行 21 天，真心建议你还是不要看下面的内容了；**如果你打算接下来的 21 天都会按照要求打造自己的销售能力，就可以接着看下去了**；如果你认为内容太简单，你都知道，也不要看下去了，这是你自己缺乏耐心的表现。这些简单得不能再简单的大白话，也正是最有用的，难道不是吗？不要以为只有文盲才是"睁眼瞎"，我们身边就有很多知识渊博的"睁眼瞎"。

必须要明白，我们的任何一种能力都是通过持续练习获得的。通过持续不断地学习，努力实践，让自己做到：

1.把这种销售能力变成一种本能；

2. 让这种能力终身有效；

3. 靠这种能力提高收入。

那么，做到销售冠军的必要条件如下：

1. 超强的应变能力；

2. 更多的销售机会（时间）；

3. 融会贯通的能力。

要达到以上这三个条件，你可以结合每天的话术自己去思考如何采取大量的行动。

如果你没有行动，我们真的没有办法做朋友。

销售冠军的核心秘诀

重复是学习之母，反复练习，把这些话术刻在脑子里，融入血液里，化到骨髓里。每一句都是独立的一句话，每一句话又可以和其他任何一句组成新的话，慢慢体会。

1.可以不回答客户的问题，但是永远不可以反问客户问题。

2.给出客户明确的指令。

3.使用频率最高的一句话："你可能没有明白我的意思，我再和你说一遍。"当客户拒绝时，就启动这句话，进行话术的循环，直到成交为止。

手机店销售冠军核心话术

1.你大概需要什么价位的手机？

2.你需要什么品牌的手机？

3.你平时使用手机有什么特殊的要求？

4. 你现在使用的是什么手机?

5. 你是自己用,还是送人?

6. 你对内存有什么要求吗?

7. 你上一部手机在哪里购买的?

8. 这款手机是我们全场卖得最好的手机。

9. 这款手机是我们返修率最低的手机。

10. 我们销售的是产品的品质和服务,而不是价格,我们都是明码标价的,从来没有便宜过,要不你再看看。

你看,多么得简单。有用的东西,往往是显而易见的,重要的东西,更是显而易见的,以至于太"显而易见"而被大多数人忽略。

请重复以上话术! 如果你没有行动,我们真的没有办法做朋友!

引导语

>>>>>>>>>>

你自创的话术:

1. _____

2. _____

3. _____

4. _____

5. _____

6. _____

7. _____

8. _____

9. _____

10. _____

课后作业

作 业 卡

第一天突破作业

上传话术的录音，并用各种语调进行演绎。

扫描二维码领取作业
完成作业即可获取专属成就卡

不要让年轻的你能源枯竭

DAY
2

观点：不要让年轻的你能源枯竭

人世间最难的事，莫过于行动，没有之一。难在我们不愿意按照别人的"意思"去行动，感觉如果我们按照别人的"意思"行动了，就证明自己很差劲了。毕竟人都不想很差劲，于是乎，大家都想做老师，指指点点便是最喜欢干的事情，这样做最大的好处是，让别人看我多厉害。

好的老师不一定是个好学生，但好的学生一定是个好老师。众多的好老师高频使用的一项技能是：鼓励。鼓励是一种稀缺资源，精准说法是：被高频使用的鼓励是一种稀缺资源。而只要被高频使用的鼓励就是"再生能源"。有一个现实是，很多人年纪轻轻就能源枯竭了。这个世界给我们的打击还不够多吗？做学生有一个最大的好处，就是可以好好学习，天天向上。

提 醒

本书的这些内容，是我从事手机销售 15 年来使用频率最高、最有说服力、最容易成交，且是经过 15 年沉淀依然留在大脑里，可以随时随地被调用的话术精华，这些话术，需要反复练习，并要用各种语调进行反复练习。

如果你不能按照要求持续践行 21 天，真心建议你还是不要看下面的内容了；**如果你打算接下来的 21 天都会按照要求打造自己的销售能力，就可以接着看下去了；**如果你认为内容太简单，你都知道，也不要看下去了，这是你自己缺乏耐心的表现。这些简单得不能再简单的大白话，也正是最有用的，难道不是吗？不要以为只有文盲才是"睁眼瞎"，我们身边就有很多知识渊博的"睁眼瞎"。

必须要明白，我们的任何一种能力都是通过持续练习获得的。通过持续不断地学习，努力实践，让自己做到：

1. 把这种销售能力变成一种本能；

2.让这种能力终身有效；

3.靠这种能力提高收入。

那么，做到销售冠军的必要条件如下：

1.超强的应变能力；

2.更多的销售机会（时间）；

3.融会贯通的能力。

要达到以上这三个条件，你可以结合每天的话术自己去思考如何采取大量的行动。

如果你没有行动，我们真的没有办法做朋友。

销售冠军的核心秘诀

重复是学习之母，反复练习，把这些话术刻在脑子里，融入血液里，化到骨髓里。每一句都是独立的一句话，每一句话又可以和其他任何一句组成新的话，慢慢体会。

1. 可以不回答客户的问题，但是永远不可以反问客户问题。

2. 给出客户明确的指令。

3. 使用频率最高的一句话："你可能没有明白我的意思，我再和你说一遍。"当客户拒绝时，就启动这句话，进行话术的循环，直到成交为止。

手机店销售冠军核心话术

1. 能给你优惠，肯定给你优惠，我们是按照销量提成的。

2.我再去给你请示一下经理。

3.站在你的角度你肯定希望买个质量好的，站在我的角度我肯定也是希望你买个质量好的，因为质量不好，还要给你退货，对于我来说，等于没卖。

4.这款手机是我们店长推荐的，也是我们全场销量最多的手机。

5.你拿这款，肯定不如拿这一款，因为同样的价位，这个品牌更保值，我现在就可以用二手手机检测工具，测给你看。你肯定希望买个更保值的，毕竟换手机现在是很平常的事情。

6.同样的功能，你不如拿这一款，因为这款可以为你节约800元，质量都是一样的，为什么不选择便宜的呢。现在的手机质量都是蛮好的，而且这又是新款。

7.这款手机是我们今天刚刚到货的，货源非常紧缺，你要买赶紧的，晚了真的没有了，我们好不容易和厂家申请的配额。

8.今天是我们的店庆日，这个特价活动，今天是最后一天了。

9.你是学生吗？凭学生证，或者是能证明你学生身份的证件，我们有大礼包赠送。

10.购买这款手机可以参加我们的幸运大转盘的活动，说不定你可以再转出一部手机呢，也只有这一个型号可以参加哦。

你看，多么简单。有用的东西，往往是显而易见的，重要的东西，更是显而易见的，以至于太"显而易见"而被大多数人忽略。

请重复以上话术！如果你没有行动，我们真的没有办法做朋友！

引导语

你自创的话术:

1. _____

2. _____

3. _____

4. _____

5. _____

6. _____

7. _____

8. _____

9. _____

10. _____

课后作业

作 业 卡

第二天突破作业

上传话术的录音，并用各种语调进行演绎。

扫描二维码领取作业
完成作业即可获取专属成就卡

克服自我的"不舒服"

DAY
3

观点：克服自我的"不舒服"

拥有特长的人，就相当于拥有了一台印钞机。因为一旦到达某一个临界点，就会明白所有的技能都可以通过刻意练习获得，比如，赚钱的能力。我曾说过一个重要的公式：金钱 = 技能 + 运气。运气可以忽略了，因为不可掌控，所以，金钱 = 技能。

这不就是自带印钞机吗？

特长，都是刻意经过大量的反复练习，不知疲倦，忘记时间，忘记空间，注意力高度集中在其中的结果。大部分人的特长，是因为儿时某一个机缘，偶然产生的兴趣或者爱好。进而由于兴趣和爱好的作用，不用坚持、不用毅力、不用恒心、自动产生投入其中，乐在其中，享受其中，比如，书法、钢琴、吉他、写作，等等。

有这些特长的人是幸运儿。

如果没有特长, 还有机会自带"印钞机"吗? 答案是有的, 一定有的。

现在所在的销售岗位，就是最好的机会，通过大量的重复的刻意练习，让自己终身拥有一项随时可以变现的技能：**销售技能**。

但是如果从未有过通过刻意练习获得特长的体验，会在这一过程中，反复出现不舒服，不适应，一会儿感觉自己学到了，一会儿又感觉自己没有学到，反反复复，心烦意乱。

但，这却是个机会，一个蜕变的机会。

记住，对自己而言，这种让自己"不舒服"的做法，恰恰就是成长进步的机会，之所以有阶段性的不适，就是因为在进步，等认知提升之后，就会看到不一样的世界。

克服它，就会取得阶段性胜利。

相信我，成功者之所以成功，就在于克服了这个"不舒服"的阶段，适应了这个不舒服的阶段。

当然也不要想着一劳永逸。这个阶段的困难克服了，下个阶段的困难还会出现，"不舒服"会一直持续地阶段性地存在。

提 醒

本书的这些内容，是我从事手机销售 15 年来使用频率最高、最有说服力、最容易成交，且是经过 15 年沉淀依然留在大脑里，可以随时随地被调用的话术精华，这些话术，需要反复练习，并要用各种语调进行反复练习。

如果你不能按照要求持续践行 21 天，真心建议你还是不要看下面的内容了；**如果你打算接下来的 21 天都会按照要求打造自己的销售能力，就可以接着看下去了；**如果你认为内容太简单，你都知道，也不要看下去了，这是你自己缺乏耐心的表现。这些简单得不能再简单的大白话，也正是最有用的，难道不是吗？不要以为只有文盲才是"睁眼瞎"，我们身边就有很多知识渊博的"睁眼瞎"。

必须要明白，我们的任何一种能力都是通过持续练习获得的。通过持续不断地学习，努力实践，让自己做到：

1.把这种销售能力变成一种本能；

2.让这种能力终身有效；

3.靠这种能力提高收入。

那么，做到销售冠军的必要条件如下：

1.超强的应变能力；

2.更多的销售机会（时间）；

3.融会贯通的能力。

要达到以上这三个条件，你可以结合每天的话术自己去思考如何采取大量的行动。

如果你没有行动，我们真的没有办法做朋友。

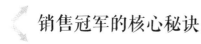

销售冠军的核心秘诀

重复是学习之母，反复练习，把这些话术刻在脑子里，融入血液里，化到骨髓里。每一句都是独立的一句话，每一句话又可以和其他任何一句组成新的话，慢慢体会。

1. 可以不回答客户的问题，但是永远不可以反问客户问题。

2. 给出客户明确的指令。

3. 使用频率最高的一句话："你可能没有明白我的意思，我再和你说一遍。"当客户拒绝时，就启动这句话，进行话术的循环，直到成交为止。

手机店销售冠军核心话术

1. 你是老师吗？凭老师的相关证件，这款手机可以优惠 200 元，并赠送大礼包。

2.这款手机我们比官网的价格低200元,所以价格是非常便宜的。

3.价格肯定是最低的了,而且我们都是明码实价的。这样,你稍等我一下,我去帮你请示一下经理,看能不能送你礼品。

4.膜肯定是不送的,而且我们家从来都不送膜,我们卖的是手机,而不是膜。一分价钱一分货,羊毛出在羊身上,同样的价格,为什么别人家送,而我们不送呢,这个你要好好考虑一下。

5.壳肯定是不送的,而且我们家从来没有送过壳,我卖的是手机,而不是壳。同样的价格,为什么别人能送,而我们不能送呢?这个你要好好考虑清楚,而且,你在意的肯定是产品的品质。

6.同样的价格,你肯定选择实体店呀,体验不同,解决问题的速度也不同呀,风险也不同,这个道理你肯定比我清楚了。

7.网上的确是便宜一点,但是这一点,有很大的不同,首先是体验,再次是出现问题的时候,解决的效率差别就更大了,最重要的是沟通的成本也不同啊。

8.我们是厂家授权的,产品的品质,你是完全可以放心的。

9.我们是销量冠军店,很多客户都非常信任我们店,所以,你完全可以放心。

10.你是刷卡还是现金，这边带你办一下手续。

你看，多么简单。有用的东西，往往是显而易见的，重要的东西，更是显而易见的，以至于太"显而易见"而被大多数人忽略。

请重复以上话术！**如果你没有行动，我们真的没有办法做朋友！**

引导语

你自创的话术:

1. _____

2. _____

3. _____

4. _____

5. _____

6. _____

7. _____

8. _____

9. _____

10. _____

课后作业

作 业 卡

第三天突破作业

上传话术的录音，并用各种语调进行演绎。

扫描二维码领取作业
完成作业即可获取专属成就卡

重新认识学习与教育的能力

DAY
4

观点：重新认识学习与教育的能力

我认为，能够教会别人，是检验自己是否习得一项技能的标准。

我们都知道使时间倍增的方法：购买时间。最典型的是老板用工资购买了经理的时间，经理通过能力变相购买了员工的时间，尽管经理没有直接给员工发工资。

老板创造了一个让经理施展自己能力的平台，并能够教会更多的经理，且能够最有效率地教，这就相当于老板创造了一个企业，有了人才自我造血的能力，这样的企业肯定不会差，如华为、阿里巴巴等。

同样是这个道理，一个新员工入职，经理能够最有效率地教会他，这简直就是"印钞机"啊。一个经理最应该具备的能力不是让员工多么的听话，而是能够最有效率地教会他们。

可见拥有了教会别人能力的人，就相当于自带"印钞机"，教会的人越多，团队越大，时间倍增得越多，收入就越多，这是很明显的。

管理者教别人，这件事情本身带有**输出倒逼输入**的性质，教别人之前，自己要进行大量的学习。

很多时候，现实中出现的情况是，自己教不好，还怪别人学不会！举一个最简单的例子，骑自行车。大部分人都会骑自行车，但是倘若让你把一个不会骑自行车的人教会，你会怎么做？你又有哪些高招，可以快速地教会一个完全不会的人骑自行车？

自己会和会教别人，很明显是两回事。

训练自己教会别人的能力是一种通向成功的必备能力。现在我们再来复习一遍：能够最有效率地教会别人，是检验自己是否习得一项技能的标准。

企业内部出现的所有管理问题，都是源于管理者不具备教会别人的能力而产生的！大多数管理者对属下恨铁不成钢，实际上就是推卸责任，归咎于现在的年轻人不上进。

试问，哪个人不想上进？

我们习得一项技能，最核心的不是会了，懂了，理解了，而是将其内化成自己的本能。

提 醒

本书的这些内容，是我从事手机销售 15 年来使用频率最高、最有说服力、最容易成交，且是经过 15 年沉淀依然留在大脑里，可以随时随地被调用的话术精华，这些话术，需要反复练习，并要用各种语调进行反复练习。

如果你不能按照要求持续践行 21 天，真心建议你还是不要看下面的内容了；**如果你打算接下来的 21 天都会按照要求打造自己的销售能力，就可以接着看下去了；**如果你认为内容太简单，你都知道，也不要看下去了，这是你自己缺乏耐心的表现。这些简单得不能再简单的大白话，也正是最有用的，难道不是吗？不要以为只有文盲才是"睁眼瞎"，我们身边就有很多知识渊博的"睁眼瞎"。

必须要明白，我们的任何一种能力都是通过持续练习获得的。通过持续不断地学习，努力实践，让自己做到：

1.把这种销售能力变成一种本能；

2.让这种能力终身有效；

3.靠这种能力提高收入。

那么，做到销售冠军的必要条件如下：

1.超强的应变能力；

2.更多的销售机会（时间）；

3.融会贯通的能力。

要达到以上这三个条件，你可以结合每天的话术自己去思考如何采取大量的行动。

如果你没有行动，我们真的没有办法做朋友。

销售冠军的核心秘诀

重复是学习之母，反复练习，把这些话术刻在脑子里，融入血液里，化到骨髓里。每一句都是独立的一句话，每一句话又可以和其他任何一句组成新的话，慢慢体会。

1.可以不回答客户的问题，但是永远不可以反问客户问题。

2.给出客户明确的指令。

3.使用频率最高的一句话："你可能没有明白我的意思，我再和你说一遍。"当客户拒绝时，就启动这句话，进行话术的循环，直到成交为止。

手机店销售冠军核心话术

1.这是我的名片，你以后有任何问题，可以直接和我联系，我将全力以赴为你解决问题，提供超出你想象的服务。

2.这是我们官方微信，你可以扫一下，有任何问题，我们提供 24 小时的在线服务，并且 3 分钟之内高效回复。

3.你看我胸前戴的这个二维码标牌，你对我有任何问题，都可以直接扫码投诉，所以，你完全可以放心，来这边帮你办理一下手续。

4.你看旁边那位先生，就是购买的这款，我之所以给你推荐这款，肯定是希望你用得好，介绍更多的朋友过来找我买。

5.全国连锁，全国联保，你完全可以放心，即使我们这家店不在了，也会有人为你服务的。

6.你今天来得真巧，我们今天正好在做手机节活动，全场手机直降 100-1000 元不等，你大概要买什么价位的手机？对手机的使用，有什么要求吗？

7.由于我们做手机节的活动，移动公司为答谢新老用户的支持，活动期间赠送 480 元的话费。

8.你随机办理 4G 套餐，手机直降 1000 元，所以非常划算。

9.今天我们正好在做活动，购买任意一款手机，均赠送价值 365 元大礼包一份。

10. 苹果 IOS 系统由于是封闭的系统，所以是不会中病毒的，特别适合学习使用，安全。

你看，多么简单。有用的东西，往往是显而易见的，重要的东西，更是显而易见的，以至于太"显而易见"而被大多数人忽略。

请重复以上话术！如果你没有行动，我们真的没有办法做朋友！

引导语

你自创的话术:

1. _____

2. _____

3. _____

4. _____

5. _____

6. _____

7. _____

8. _____

9. _____

10. _____

课后作业

作业卡

第四天突破作业

上传话术的录音，并用各种语调进行演绎。

扫描二维码领取作业
完成作业即可获取专属成就卡

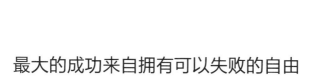

最大的成功来自拥有可以失败的自由

DAY

5

观点：最大的成功来自拥有可以失败的自由

每一个积极主动的人，都要坚强，更要注意，会有很多的声音告诉你，太快了，慢一点，我们跟不上你……

有无数只手拉扯着你，想着法子地让你慢下来！

他们唯一能为你做的，就是发出声音："像现在这样，不要动！"

然而，你要知道，取得成果只表示你暂时安全！一旦失败，或者成果未达到预期，这种声音会更大，甚至震耳欲聋。

但，扎克伯格却说："The greatest successes come from having the freedom to fail."（最大的成功来自拥有可以失败的自由。）

提 醒

本书的这些内容，是我从事手机销售 15 年来使用频率最高、最有说服力、最容易成交，且是经过 15 年沉淀依然留在大脑里，可以随时随地被调用的话术精华，这些话术，需要反复练习，并要用各种语调进行反复练习。

如果你不能按照要求持续践行 21 天，真心建议你还是不要看下面的内容了；**如果你打算接下来的 21 天都会按照要求打造自己的销售能力，就可以接着看下去了；**如果你认为内容太简单，你都知道，也不要看下去了，这是你自己缺乏耐心的表现。这些简单得不能再简单的大白话，也正是最有用的，难道不是吗？不要以为只有文盲才是"睁眼瞎"，我们身边就有很多知识渊博的"睁眼瞎"。

必须要明白，我们的任何一种能力都是通过持续练习获得的。通过持续不断地学习，努力实践，让自己做到：

1.把这种销售能力变成一种本能；

2.让这种能力终身有效；

3.靠这种能力提高收入。

那么，做到销售冠军的必要条件如下：

1.超强的应变能力；

2.更多的销售机会（时间）；

3.融会贯通的能力。

要达到以上这三个条件，你可以结合每天的话术自己去思考如何采取大量的行动。

如果你没有行动，我们真的没有办法做朋友。

销售冠军的核心秘诀

重复是学习之母，反复练习，把这些话术刻在脑子里，融入血液里，化到骨髓里。每一句都是独立的一句话，每一句话又可以和其他任何一句组成新的话，慢慢体会。

1.可以不回答客户的问题，但是永远不可以反问客户问题。

2.给出客户明确的指令。

3.使用频率最高的一句话："你可能没有明白我的意思，我再和你说一遍。"当客户拒绝时，就启动这句话，进行话术的循环，直到成交为止。

手机店销售冠军核心话术

1.安卓系统由于非常开放，所以免费的软件特别多，为你省去不少的软件下载费用。

2.我们都是按照国家三包来保的，非人为损坏的性能和质量问题，7 天包退，15 天包换，1 年保修。

3. 请放心，我都是开具正规发票的。

4. 我对你所说的每一句话，都是有凭证的，都是对你负责的。

5. 这个价格我可以确保是最低的价格，我承诺，买贵了就退差价，我会在发票上注明，来这边帮你办理一下手续。

6. 我们真的从来没有赠送过膜和壳，只要你发现我们曾经赠送过，我就免费赠送两套给你。请你放心，我对你说的话都是负责任的，来这边帮你办理一下手续。

7. 我卖的不是价格，而是产品的品质，你肯定希望买个质量好的，我更希望卖你个质量好的。我们的目标是一样的，都是希望产品质量好。

8. 我们这个店面开 10 年了，所以产品的品质，你完全可以放心。

9. 我们是消费者零投诉单位，所以服务的品质，你完全可以放心。

10. 我们是某某指定的采购中心，所以产品的品质和价格，你完全可以放心。

你看，多么简单。有用的东西，往往是显而易见的，重要的东西，更是显而易见的，以至于太"显而易见"而被大多数人忽略。

请重复以上话术！如果你没有行动，我们真的没有办法做朋友！

引导语

你自创的话术:

1. _____

2. _____

3. _____

4. _____

5. _____

6. _____

7. _____

8. _____

9. _____

10. _____

课后作业

作业卡

第五天突破作业

上传话术的录音，并用各种语调进行演绎。

扫描二维码领取作业
完成作业即可获取专属成就卡

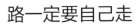

路一定要自己走

DAY
6

观点：路一定要自己走

问题之所以是问题，都是由于没有能够问出"好问题"！

没能够问出好问题，就说明自己大脑里有很多概念、定义，甚至自己真正想要什么也是模糊的。

读书时，由老师灌输知识；工作时，由公司灌输知识，但这些都是被动的行为。我们长久以来形成的思维惯性导致我们总是寄望于别人来解决自己的问题，而这只会让自己的能力越来越退化，越来越懒，以至于失去自我，丧失选择的权利。

成为真正意义上的人，就要拥有选择的自由——自己主动做选择的自由。

因为之前缺乏对问题的探索、研究、分析、思考，自然问不出一个好问题，你所问的问题要么很弱智，要么不值得回答。

但是，主动去查阅资料，大量分析研究，深入思考，在做这些事情的过程中，问题已经被研究得差不多了，这个时候如果依然有问题，一定是那些值得讨论的问题，这样的问题才具有价值，对被问者也是有很大的价值的。

路一定要自己走每一步才算数。问出好问题，便是理清了思路，深入了思考，锻炼了思维，最后解决了问题，得到了成长，提升了自己。

提 醒

本书的这些内容，是我从事手机销售 15 年来使用频率最高、最有说服力、最容易成交，且是经过 15 年沉淀依然留在大脑里，可以随时随地被调用的话术精华，这些话术，需要反复练习，并要用各种语调进行反复练习。

如果你不能按照要求持续践行 21 天，真心建议你还是不要看下面的内容了；**如果你打算接下来的 21 天都会按照要求打造自己的销售能力，就可以接着看下去了**；如果你认为内容太简单，你都知道，也不要看下去了，这是你自己缺乏耐心的表现。这些简单得不能再简单的大白话，也正是最有用的，难道不是吗？不要以为只有文盲才是"睁眼瞎"，我们身边就有很多知识渊博的"睁眼瞎"。

必须要明白，我们的任何一种能力都是通过持续练习获得的。通过持续不断地学习，努力实践，让自己做到：

1. 把这种销售能力变成一种本能；

2.让这种能力终身有效；

3.靠这种能力提高收入。

那么，做到销售冠军的必要条件如下：

1.超强的应变能力；

2.更多的销售机会（时间）；

3.融会贯通的能力。

要达到以上这三个条件，你可以结合每天的话术自己去思考如何采取大量的行动。

如果你没有行动，我们真的没有办法做朋友。

销售冠军的核心秘诀

重复是学习之母，反复练习，把这些话术刻在脑子里，融入血液里，化到骨髓里。每一句都是独立的一句话，每一句话又可以和其他任何一句组成新的话，慢慢体会。

1. 可以不回答客户的问题，但是永远不可以反问客户问题。

2. 给出客户明确的指令。

3. 使用频率最高的一句话："你可能没有明白我的意思，我再和你说一遍。"当客户拒绝时，就启动这句话，进行话术的循环，直到成交为止。

手机店销售冠军核心话术

1. 我们是全市唯一的授权经销商，你可以在官网上查询到，所以，你完全可以放心，来这边帮你办理一下手续。

2.这款手机和其他的手机是不一样的，这款手机是 30 天包换，其他的手机是 15 天包换，所以我建议你购买这款。

3.我之所以建议你拿这款，是真的为你考虑，毕竟节省了 800 元呢。

4.如果你要购买的是经济实用型手机，那我建议你拿这款，如果你不差钱，就拿这款，毕竟高档啊，当然了，也只有花掉的钱才是你的钱，没有花掉的还不知道是谁的呢。

5.如果你是送人的，我建议你拿这款，毕竟这款代表着品牌和品位。钱要花到位，才有价值。

6.如果是送人，就要拿大包装的，豪华，毕竟钱和感情比起来，感情最重要。

7.你买 10 台也是这个价格，即使买 100 台，还是这个价格，不管谁来买都是这个价格，我自己买也是这个价格，所以价格你尽管可以放心。

8.我们销售的都是官方标配，官方标配是什么，就是什么，一个不多一个也不会少，所以配置这方面，你完全可以放心。

9.你在任何时候发现不是正品行货，在任何时候都可以无条件退货。

10.那要看你怎么选择了，我们只卖我们的产品，确保我们产品的品质，外面的产品什么价格、什么品质，我们无权评价，也不好评价，相信你有自己选择的权利。

你看，多么简单。有用的东西，往往是显而易见的，重要的东西，更是显而易见的，以至于太"显而易见"而被大多数人忽略。

请重复以上话术！如果你没有行动，我们真的没有办法做朋友！

引导语

你自创的话术:

1. _____

2. _____

3. _____

4. _____

5. _____

6. _____

7. _____

8. _____

9. _____

10. _____

课后作业

作 业 卡

第六天突破作业

上传话术的录音，并用各种语调进行演绎。

扫描二维码领取作业
完成作业即可获取专属成就卡

真正的自由是选择的自由

DAY
7

观点：真正的自由是选择的自由

你有没有听说过这样一个实验，在一个教室内，给每个小朋友一个棒棒糖，在规定的时间内，如果没有吃，就会再奖励一个棒棒糖；如果吃了，就不会被奖励。实验结果是有一部分小朋友吃了，有一部分小朋友没有吃。在后来的跟踪调查发现，没有吃棒棒糖的小朋友，学习成绩明显比另一部分小朋友好，长大以后的能力也较强。

这个实验告诉我们：能控制自己行为的人，取得成功的可能性更大。

一个肥胖的人，大多是因为无法拒绝美食的诱惑，吃、吃、吃；一个酗酒的人，大多是因为无法拒绝酒精的诱惑，喝、喝、喝；一个赌徒，大多是因为无法拒绝赢钱的快感，赌、赌、赌；一个学生的成绩不好，大多是因为无法拒绝玩的诱惑，玩、玩、玩……

他们都有一个共同的特点：大脑被外界掌控，进而失去自我，而不自知。他们没有选择，更没有选择的自由。

真正的自由是选择的自由。

一个自由的人，可以掌控自己的大脑，让大脑按照自己的意愿行事。也只有成为大脑的主人，我们才真正成为人。

提 醒

本书的这些内容，是我从事手机销售 15 年来使用频率最高、最有说服力、最容易成交，且是经过 15 年沉淀依然留在大脑里，可以随时随地被调用的话术精华，这些话术，需要反复练习，并要用各种语调进行反复练习。

如果你不能按照要求持续践行 21 天，真心建议你还是不要看下面的内容了；**如果你打算接下来的 21 天都会按照要求打造自己的销售能力，就可以接着看下去了；**如果你认为内容太简单，你都知道，也不要看下去了，这是你自己缺乏耐心的表现。这些简单得不能再简单的大白话，也正是最有用的，难道不是吗？不要以为只有文盲才是"睁眼瞎"，我们身边就有很多知识渊博的"睁眼瞎"。

必须要明白，我们的任何一种能力都是通过持续练习获得的。通过持续不断地学习，努力实践，让自己做到：

1.把这种销售能力变成一种本能；

2. 让这种能力终身有效；

3. 靠这种能力提高收入。

那么，做到销售冠军的必要条件如下：

1. 超强的应变能力；

2. 更多的销售机会（时间）；

3. 融会贯通的能力。

要达到以上这三个条件，你可以结合每天的话术自己去思考如何采取大量的行动。

如果你没有行动，我们真的没有办法做朋友。

销售冠军的核心秘诀

重复是学习之母,反复练习,把这些话术刻在脑子里,融入血液里,化到骨髓里。每一句都是独立的一句话,每一句话又可以和其他任何一句组成新的话,慢慢体会。

1.可以不回答客户的问题,但是永远不可以反问客户问题。

2.给出客户明确的指令。

3.使用频率最高的一句话:"你可能没有明白我的意思,我再和你说一遍。"当客户拒绝时,就启动这句话,进行话术的循环,直到成交为止。

手机店销售冠军核心话术

1.如果是在苹果和华为手机之间选择,我建议你拿苹果。因为苹果更保值,在你更换手机的时候,老的手机你肯定要处理掉,这个时候苹果的价格会非常高，基本上差一倍，而且苹果是封闭的系统，更安全，更稳定，你认为呢？

2. 如果是在苹果和华为手机之间选择，我建议你拿华为的，毕竟华为的性价比非常高。华为更是民族品牌，支持国货，是我们每个人的责任，国家强则民强，而且华为的系统是深度研发的，华为每年在研发上面投入的费用是非常高的。

3. 我们公司所销售的产品都是由中国人保进行承保的，保证 100% 正品行货，产品的品质，你完全可以放心。

4. 你未来在使用的过程中有任何的问题，我们都会为你解答并提供服务。

5. 我们每个销售人员都是经过专业的培训才可以上岗的，我对你所说的每句话我自己都可以负责，更是对你负责。

6. 诚信是我们公司的核心价值观，你应该能感觉到我说的每句话都是非常实在的。而且胡说乱说的行为，在我们公司是禁止的，我们每个员工都是签订了诚信宣言的。

7. 我好像在哪里见过你，感觉好面熟哦。

8.你这件衣服真漂亮，在哪里买的呀，肯定很贵吧。

9.你用的这个香水的味道不错，是什么牌子的？

10.你这个发型真好看，在哪里做的呀？

你看，多么简单。有用的东西，往往是显而易见的，重要的东西，更是显而易见的，以至于太"显而易见"而被大多数人忽略。

请重复以上话术！**如果你没有行动，我们真的没有办法做朋友！**

引导语

你自创的话术:

1. _____

2. _____

3. _____

4. _____

5. _____

6. _____

7. _____

8. _____

9. _____

10. _____

课后作业

作 业 卡

第七天突破作业

上传话术的录音，并用各种语调进行演绎。

扫描二维码领取作业
完成作业即可获取专属成就卡

学习在于周期性的积累

DAY

8

观点：学习在于周期性的积累

如果你一直跟随着我们的节奏，一起学习，那么，今天是第二个周期的第一天。这个世界一定是按照某种规律在运行的，虽然我们不能很清晰地说清楚，但是我们可以看看我们知道的周期性规律，比如，一个星期有 7 天，那么也就是 7 天为一个星期。国家规定孩子要 7 岁才可以读小学；在第二个周期 14 岁的时候孩子开始发育，进入青春期；又在下一个周期 21 岁，停止发育。

其实，美好的结果总是在多个周期之后才发生的，这也就是我们为什么要持续 3 个周期、21 天学习的原因。

还有一个重要的概念就是，长期来看，我们学习的结果完全取决于每一个周期的积累。

别放弃，加油!

提 醒

本书的这些内容，是我从事手机销售 15 年来使用频率最高、最有说服力、最容易成交，且是经过 15 年沉淀依然留在大脑里，可以随时随地被调用的话术精华，这些话术，需要反复练习，并要用各种语调进行反复练习。

如果你不能按照要求持续践行 21 天，真心建议你还是不要看下面的内容了；**如果你打算接下来的 21 天都会按照要求打造自己的销售能力，就可以接着看下去了**；如果你认为内容太简单，你都知道，也不要看下去了，这是你自己缺乏耐心的表现。这些简单得不能再简单的大白话，也正是最有用的，难道不是吗？不要以为只有文盲才是"睁眼瞎"，我们身边就有很多知识渊博的"睁眼瞎"。

必须要明白，我们的任何一种能力都是通过持续练习获得的。通过持续不断地学习，努力实践，让自己做到：

1.把这种销售能力变成一种本能；

2. 让这种能力终身有效；

3. 靠这种能力提高收入。

那么，做到销售冠军的必要条件如下：

1. 超强的应变能力；

2. 更多的销售机会（时间）；

3. 融会贯通的能力。

要达到以上这三个条件，你可以结合每天的话术自己去思考如何采取大量的行动。

如果你没有行动，我们真的没有办法做朋友。

销售冠军的核心秘诀

重复是学习之母，反复练习，把这些话术刻在脑子里，融入血液里，化到骨髓里。每一句都是独立的一句话，每一句话又可以和其他任何一句组成新的话，慢慢体会。

1.可以不回答客户的问题，但是永远不可以反问客户问题。

2.给出客户明确的指令。

3.使用频率最高的一句话："你可能没有明白我的意思，我再和你说一遍。"当客户拒绝时，就启动这句话，进行话术的循环，直到成交为止。

手机店销售冠军核心话术

1.你这包真漂亮，肯定很贵吧。

2.感觉和你说话非常投缘，交个朋友吧，可以加一下你的微信吗？

3. 像你这么有气质的人，收入一定不低。

4. 感觉你真的好有智慧啊，你是做什么行业的呀，向你学习。

5. 你儿子真帅，上几年级了，一看就是学霸，长大一定有出息。

6. 你女儿真漂亮，上几年级了，一看就是多才多艺，你好有福气啊。

7. 感觉你好成熟，特别有魅力，你结婚了吗？

8. 一看就是大老板，不差钱，就拿这款，来这边帮你办理一下手续。

9. 你要黑色还是白色？来这边帮你办理一下手续。

10. 你要 16G 还是 64G？来这边帮你办理一下手续。

你看，多么简单。有用的东西，往往是显而易见的，重要的东西，更是显而易见的，以至于太"显而易见"而被大多数人忽略。

请重复以上话术！如果你没有行动，我们真的没有办法做朋友！

引导语

>>>>>>>>>>>➡

你自创的话术:

1. _____

2. _____

3. _____

4. _____

5. _____

6. _____

7. _____

8. _____

9. _____

10. _____

课后作业

作业卡

第八天突破作业

上传话术的录音，并用各种语调进行演绎。

扫描二维码领取作业
完成作业即可获取专属成就卡

注意力在哪里，结果就在哪里

DAY

9

观点：注意力在哪里，结果就在哪里

我们总是习惯看朋友圈的动态，从这里，我们便知道了这个世界发生了什么，那么，这个世界发生了什么和你的关系到底有多大？

你的收入有没有因为频繁地刷朋友圈内容而增加？

答案是一定的：没有增加。

你更没有因为错过朋友圈里的信息导致生活发生巨大的变化！

那么你看什么呢？

我们宁愿花费时间追剧、看笑话，也不愿看一篇有价值的文章，听一堂有价值的课，进而去行动，去做些什么，其根本的原因是，我们愿意花费时间的地方都是不需要动脑的。

你不动脑，这个世界上就有人动脑，让你永远不需要动脑，进而消费了你的注意力，而给动脑的这些人带来巨大的回报。

这个世界上其实只有两种人：

第一种，收集他人的注意力并打包卖掉；

第二种，心甘情愿地被第一种人收集注意力，牺牲自己，成就别人。

所以，注意力在哪里，结果就在哪里！

我们要把自己的注意力集中在成长上面。

提 醒

本书的这些内容，是我从事手机销售 15 年来使用频率最高、最有说服力、最容易成交，且是经过 15 年沉淀依然留在大脑里，可以随时随地被调用的话术精华，这些话术，需要反复练习，并要用各种语调进行反复练习。

如果你不能按照要求持续践行 21 天，真心建议你还是不要看下面的内容了；**如果你打算接下来的 21 天都会按照要求打造自己的销售能力，就可以接着看下去了；**如果你认为内容太简单，你都知道，也不要看下去了，这是你自己缺乏耐心的表现。这些简单得不能再简单的大白话，也正是最有用的，难道不是吗？不要以为只有文盲才是"睁眼瞎"，我们身边就有很多知识渊博的"睁眼瞎"。

必须要明白，我们的任何一种能力都是通过持续练习获得的。通过持续不断地学习，努力实践，让自己做到：

1.把这种销售能力变成一种本能；

2.让这种能力终身有效；

3.靠这种能力提高收入。

那么，做到销售冠军的必要条件如下：

1.超强的应变能力；

2.更多的销售机会（时间）；

3.融会贯通的能力。

要达到以上这三个条件，你可以结合每天的话术自己去思考如何采取大量的行动。

如果你没有行动，我们真的没有办法做朋友。

销售冠军的核心秘诀

重复是学习之母,反复练习,把这些话术刻在脑子里,融入血液里,化到骨髓里。每一句都是独立的一句话,每一句话又可以和其他任何一句组成新的话,慢慢体会。

1. 可以不回答客户的问题,但是永远不可以反问客户问题。

2. 给出客户明确的指令。

3. 使用频率最高的一句话:"你可能没有明白我的意思,我再和你说一遍。"当客户拒绝时,就启动这句话,进行话术的循环,直到成交为止。

手机店销售冠军核心话术

1. 你是要套餐一还是套餐二,来这边帮你办理一下手续。

2. iPhone7 有亮黑的,来这边帮你办理一下手续。

3.相信我，一定不会错的，你看我长得也不像骗子呀，来这边帮你办理一下手续。

4.我肯定不希望和你只做一次生意，我希望你用得好，下次还来，所以，给你的都是最好的，来这边，帮你办理一下手续。

5.我们店长正好在，我去找他签个字，给你拿个礼品，你稍等我一下。来这边，帮你办理一下手续。

6.你是我们家老用户，现在购机立减150元，不是老用户，是一点都不可以优惠的。你上次购买过，你肯定知道，我们都是明码标价的，来这边帮你办理一下手续。

7.现在手机的功能都是差不多的，都是智能手机，需要什么功能，下载APP便是，但是最重要的是产品的硬件一定要好，这款手机采用的是……（手机核心卖点，直接套用）

8.购买笔记本电脑、一体机等，重要的就是后续的服务，我们有经过认证的工程师，为你提供优质的服务。

9.我们店和别家不一样的地方是，就算人为损坏也是可以免费保修的，而且更换零件也是不用花钱的，这在其他家是不行的。（含

保险打包销售）

10.你这次更换手机的原因是什么呢？

你看，多么简单。有用的东西，往往是显而易见的，重要的东西，更是显而易见的，以至于太"显而易见"而被大多数人忽略。

请重复以上话术！如果你没有行动，我们真的没有办法做朋友！

引导语

你自创的话术:

1. _____

2. _____

3. _____

4. _____

5. _____

6. _____

7. _____

8. _____

9. _____

10. _____

课后作业

作业卡

第九天突破作业

上传话术的录音，并用各种语调进行演绎。

扫描二维码领取作业
完成作业即可获取专属成就卡

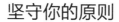

坚守你的原则

DAY
10

观点：坚守你的原则

"原则"明明就摆在那里，你运用"原则"的方式只有身体力行。

大多数情况下，我们与他人之间的关系，之所以会出现问题，就是因为"原则"出现了变化。你不知所措，找不到方向，痛苦、焦虑、抱怨的根源便在此。

曾无数次和朋友沟通过的事情，一切原本都好好的，可过了一夜就变了，朋友说得也很有道理，你无法反驳……

若频繁出现这样的问题，我们可能遇到了没有原则的朋友。面对同样的事情，对方可以一天换一个原则，也可以半天换一个原则，也可以一个月换一次原则。

这类人有一个共同的特点：老好人。

远离老好人，拥抱有原则的人。知道了根源，不再纠结与浪费自己的注意力。

没有原则，无法合作；没有原则，不能投资；没有原则，不能交朋友。

你和朋友一起合作创业，开始的几年，顺风顺水，你们一路高歌猛进，突然遭遇 2015 年的市场危机，除了遇挫，还是遇挫，此时还能坚守原则吗？还能坦然面对这些原则吗？

在投资的领域也是一样，在"牛市"中坚守自己的原则，在"熊市"中还能坚守吗？

属于每个人的真正的原则，在我看来，都是经过岁月洗礼的，刻在自己的骨子里、基因里，永远不变，这才叫原则。没有经过践行、践行、再践行，只是知道这些原则是没有用的。

最核心的就是把好的原则通过刻意训练变成自己的本能。人的任何一项技能都是刻意练习的结果，原则也是一样。

在我看来，不能成为自己的本能的，都没用。因此，刻意训练就变得非常重要。

比如我的投资原则，我认为，学习投资一定要拿自己的真金白银去体验，去体验几个周期，哪怕是 1000 元的投资额度。体会过后，什么叫投资？什么叫短期？什么叫长期？什么叫拿得住资产？你就全明白了。

投资创业也是一样，必须用真金白银去投资。投钱等于投命，抱着这样的念头创业，才能让自己有真正的收获。

仅体验一次肯定是不行的，肯定要体验多次，这些原则才能深入骨髓，成为本能，所以，一定要大量的践行、践行、再践行。

事实上，原则就摆在那里，你能拿到的方式就是身体力行。

提 醒

本书的这些内容，是我从事手机销售 15 年来使用频率最高、最有说服力、最容易成交，且是经过 15 年沉淀依然留在大脑里，可以随时随地被调用的话术精华，这些话术，需要反复练习，并要用各种语调进行反复练习。

如果你不能按照要求持续践行 21 天，真心建议你还是不要看下面的内容了；**如果你打算接下来的 21 天都会按照要求打造自己的销售能力，就可以接着看下去了**；如果你认为内容太简单，你都知道，也不要看下去了，这是你自己缺乏耐心的表现。这些简单得不能再简单的大白话，也正是最有用的，难道不是吗？不要以为只有文盲才是"睁眼瞎"，我们身边就有很多知识渊博的"睁眼瞎"。

必须要明白，我们的任何一种能力都是通过持续练习获得的。通过持续不断地学习，努力实践，让自己做到：

1. 把这种销售能力变成一种本能；

2.让这种能力终身有效；

3.靠这种能力提高收入。

那么，做到销售冠军的必要条件如下：

1.超强的应变能力；

2.更多的销售机会（时间）；

3.融会贯通的能力。

要达到以上这三个条件，你可以结合每天的话术自己去思考如何采取大量的行动。

如果你没有行动，我们真的没有办法做朋友。

销售冠军的核心秘诀

重复是学习之母，反复练习，把这些话术刻在脑子里，融入血液里，化到骨髓里。每一句都是独立的一句话，每一句话又可以和其他任何一句组成新的话，慢慢体会。

1.可以不回答客户的问题，但是永远不可以反问客户问题。

2.给出客户明确的指令。

3.使用频率最高的一句话："你可能没有明白我的意思，我再和你说一遍。"当客户拒绝时，就启动这句话，进行话术的循环，直到成交为止。

手机店销售冠军核心话术

1.手机已经成为我们生活中不可或缺的一部分，所以我建议你购买速度更快的手机，这样可以节约很多时间。

2.从使用的角度，我建议你拿黑色的。

3.从各个方面，都建议你以旧换新，对旧机来说，当下就是最好的价格。

4.现在是实体店的价格低于网上的价格，服务还比网上更好，为什么要舍近求远呢？

5.我可以按照这个价格给你，但是你要答应我一个条件，下次亲戚朋友购买手机都要介绍过来，我们君子协定哦。

6.你帮我在你的朋友圈推荐一下，我给你个大大的惊喜，相信我，绝对不会让你失望的。

7.好！交你这个朋友了，来这边帮你办一下手续。

8.好！下次找你买，你可要像我对你一样对我哦，来这边帮你办一下手续。

9.好！走个量，来这边帮你办理一下手续。

10.你还有什么问题，能解决的我尽量帮你解决。

11.你看，我们沟通得这么好，你也是诚心要买，我也是非常诚心地卖，这样我们都往中间靠靠。

12.你看，我们都谈了一个多小时了，我今天还差一台就完成任务，在哪里买不是买呢，我们聊得还是蛮开心的，来这边帮你办理一下手续。

13.你看，经理我都去帮你请示了，价格也帮你申请下来了，这真的是最优惠的价格了。

14.你看，经理我都去帮你请示了两遍了，能便宜肯定会给你便宜的，多卖100元也进不了我的口袋，来这边帮你办理一下手续。

15.你看，经理都给签字了，你现在不买了，我没法交代呀，你到底还有什么问题？

16.你就别为难我了，我真的尽最大的努力了，小腿我都跑断了，来这边帮你办一下手续吧。

17.能帮你争取的，我一定都帮你争取了，这个型号，真的是没有礼品的，来这边帮你办理一下手续吧。

18.再给你优惠50元，真的是最低的了，但你千万不能说出去，我给你的是内部价格，来这边帮你办理一下手续。

19.我这个月的内购名额还有最后一个，给你用了，你要请我吃饭哦，来这边帮你办理一下手续。

20.我微信上还有一个优惠券，发给你，到收银台交款的时候，你出示一下，只能这样帮你了，来这边帮你办理一下手续。

21. 你支付宝扫一下，赠送一个移动电源，来这边帮你办理一下手续。

你看，多么简单。有用的东西，往往是显而易见的，重要的东西，更是显而易见的，以至于太"显而易见"而被大多数人忽略。

请重复以上话术！如果你没有行动，我们真的没有办法做朋友！

引导语

>>>>>>>>>>>

你自创的话术:

1. _____

2. _____

3. _____

4. _____

5. _____

6. _____

7. _____

8. _____

9. _____

10. _____

课后作业

作 业 卡

第十天突破作业

上传话术的录音，并用各种语调进行演绎。

扫描二维码领取作业
完成作业即可获取专属成就卡

结果大于一切

DAY
11

观点：结果大于一切

我们在学习、成长的过程中，升级了自己的"操作系统"，对待问题的看法和对身边人的态度与之前就会有所不同，特别是与最亲的人或者与自己原来关系比较好的人，如果产生不同的意见，就会出现问题，甚至彼此的关系可能都会受到影响，这往往令自己很痛苦，关系越好，痛苦程度越高。

我认为，这是成长过程中必然会遇到的。我们希望说服对方，让对方变得更好，或是清除彼此之间的障碍，因为毕竟现在价值观不同了，但改变一个人的价值观，真的很难、很难。

事实上，我们有改变对方的念头，但我们的能力还不够，这个时候，你的心态要放好，你要做的，就是默默地用结果证明自己的改变是对的。

记住，不要刻意去说服对方，而要自然而然地去影响、去转化。

提 醒

本书的这些内容，是我从事手机销售 15 年来使用频率最高、最有说服力、最容易成交，且是经过 15 年沉淀依然留在大脑里，可以随时随地被调用的话术精华，这些话术，需要反复练习，并要用各种语调进行反复练习。

如果你不能按照要求持续践行 21 天，真心建议你还是不要看下面的内容了；**如果你打算接下来的 21 天都会按照要求打造自己的销售能力，就可以接着看下去了**；如果你认为内容太简单，你都知道，也不要看下去了，这是你自己缺乏耐心的表现。这些简单得不能再简单的大白话，也正是最有用的，难道不是吗？不要以为只有文盲才是"睁眼瞎"，我们身边就有很多知识渊博的"睁眼瞎"。

必须要明白，我们的任何一种能力都是通过持续练习获得的。通过持续不断地学习，努力实践，让自己做到：

1. 把这种销售能力变成一种本能；

2.让这种能力终身有效；

3.靠这种能力提高收入。

那么，做到销售冠军的必要条件如下：

1.超强的应变能力；

2.更多的销售机会（时间）；

3.融会贯通的能力。

要达到以上这三个条件，你可以结合每天的话术自己去思考如何采取大量的行动。

如果你没有行动，我们真的没有办法做朋友。

销售冠军的核心秘诀

重复是学习之母，反复练习，把这些话术刻在脑子里，融入血液里，化到骨髓里。每一句都是独立的一句话，每一句话又可以和其他任何一句组成新的话，慢慢体会。

1. 可以不回答客户的问题，但是永远不可以反问客户问题。

2. 给出客户明确的指令。

3. 使用频率最高的一句话："你可能没有明白我的意思，我再和你说一遍。"当客户拒绝时，就启动这句话，进行话术的循环，直到成交为止。

手机店销售冠军核心话术（配件和增值服务篇）：

1. 麻烦你把手机的外观检查一下，看看有没有什么磨损或者划痕，因为外观是不在国家三包范围内的，所以你要当场检查。

2.国家三包你知道吗？国家三包你应该知道呀，我来给你详细地说一遍：手机发生性能和质量问题，在没有人为损坏的情况下，7天包退，15天包换，1年保修，记住哦，是在没有人为损坏的情况下。

3.第一年你最好使用好一点的膜和壳，因为人为外观损坏，国家三包是不包的。

4.我们和中国人保达成战略合作，随时都可以加入无理由保修活动。

5.你这边选择一下手机的外壳，现在购买可以享受第二件5折的优惠。

6.建议你购买多个外壳，可以根据每天的心情进行搭配，也可以根据衣服进行搭配。

7.手机的外壳是一定要装的，手机屏幕太大，一不小心摔一下，就会碎屏。

8.手机的贴膜是一定要贴的，再好的屏幕也会出现划痕，有没有划痕，卖二手机的时候价格是不一样的。

9.建议选择钢化膜，相信你比我更懂得保护手机的屏幕。

10.建议选择全包膜，发生意外，可以先保护你手机的边呀。

你看，多么简单。有用的东西，往往是显而易见的，重要的东西，更是显而易见的，以至于太"显而易见"而被大多数人忽略。

请重复以上话术！**如果你没有行动，我们真的没有办法做朋友！**

引导语

你自创的话术：

1. _____

2. _____

3. _____

4. _____

5. _____

6. _____

7. _____

8. _____

9. _____

10. _____

课后作业

作业卡

第十一天突破作业

上传话术的录音，并用各种语调进行演绎。

扫描二维码领取作业
完成作业即可获取专属成就卡

机会在践行的人手里

DAY
12

观点：机会在践行的人手里

有人说，机会是留给有准备的人！

我说，机会是留给践行的人！

有的人，上级安排的任务太简单，他就认为上级是大材小用；上级安排较难的任务，他又很容易放弃，情绪低落得一塌糊涂。

顺境的时候，认为自己最牛；逆境的时候，又轻易放弃！不是抱怨这儿，就是抱怨那儿。

缺乏自我管理能力的人，注定是漂泊不定，也不会真正取得成果。

大多数人的"学习"不过是为了应付考试，并不知道"学习"到底是为了什么，而有另一部分人却学会了如何学习，学会了如何思考。

工作的时候，大多数人无非就是为了应付公司的任务，给多少钱，干多少话。能少干，绝对不多干，因此，他们在工作中习得了一项重要的技能：偷懒。

人的任何一项技能都是可以通过练习获得的。

人与人之间的差别，基本上可以总结为两个字：学习。正是这两个字拉开了距离，加上时间的维度，就是指数级别的差距。

在工作中，我们每个人都有机会，去关注自己的成长，而不是工资。

你现在的这点工资，相对于成长后的收入，简直不值一提！

提 醒

本书的这些内容，是我从事手机销售 15 年来使用频率最高、最有说服力、最容易成交，且是经过 15 年沉淀依然留在大脑里，可以随时随地被调用的话术精华，这些话术，需要反复练习，并要用各种语调进行反复练习。

如果你不能按照要求持续践行 21 天，真心建议你还是不要看下面的内容了；**如果你打算接下来的 21 天都会按照要求打造自己的销售能力，就可以接着看下去了**；如果你认为内容太简单，你都知道，也不要看下去了，这是你自己缺乏耐心的表现。这些简单得不能再简单的大白话，也正是最有用的，难道不是吗？不要以为只有文盲才是"睁眼瞎"，我们身边就有很多知识渊博的"睁眼瞎"。

必须要明白，我们的任何一种能力都是通过持续练习获得的。 通过持续不断地学习，努力实践，让自己做到：

1. 把这种销售能力变成一种本能；

2.让这种能力终身有效；

3.靠这种能力提高收入。

那么，做到销售冠军的必要条件如下：

1.超强的应变能力；

2.更多的销售机会（时间）；

3.融会贯通的能力。

要达到以上这三个条件，你可以结合每天的话术自己去思考如何采取大量的行动。

如果你没有行动，我们真的没有办法做朋友。

销售冠军的核心秘诀

重复是学习之母，反复练习，把这些话术刻在脑子里，融到血液里，化到骨髓里。每一句都是独立的一句话，每一句话又可以和其他任何一句组成新的话，慢慢体会。

1. 可以不回答客户的问题，但是永远不可以反问客户问题。

2. 给出客户明确的指令。

3. 使用频率最高的一句话："你可能没有明白我的意思，我再和你说一遍。"当客户拒绝时，就启动这句话，进行话术的循环，直到成交为止。

手机店销售冠军核心话术（配件和增值服务篇）：

1. 家里有小孩的话，建议你选择这款防摔的壳，怎么摔，手机都会完好无损，我现在给你示范一下。

2.开车的话，建议配个蓝牙耳机，毕竟安全最重要，蓝牙耳机才多少钱，万一出现个意外什么的，你说是吧？

3.喜欢音乐，我建议配这款耳机，这才是听音乐时的绝配。

4.网上是便宜，但是你也不像是使用地摊货的人啊。

5.一定要相信一分价钱一分货，品质这东西，你是有判断力的，这个材质，你感受一下。

6.除了手机之外，其他都是易耗品，既然是易耗品，建议你购买套餐，更超值，更划算。

7.移动电源现在都是购机的必备装配，而且随机还可以享受折扣，我把最畅销的款式拿给你看一下。

8.你肯定希望你在以后使用手机的过程中，无须再支付高昂的维修费用，你现在就可以给你的手机上保险。

9.我们和保险公司合作，随机都可以加入意外损坏免费保修活动，国家三包不保的，现在都可以保了。

10.手机最容易损坏的就是屏幕，你至少也需要给你的手机屏幕加个保险，你想啊，到时候换个屏幕要花掉手机价格的三分之一，而保险只要很小很小的一部分，就是几包烟钱，而且吸烟还有害健康，你就相当于少抽几包香烟了，来这边帮你办理一下手续，登记一下，录入保险系统。

你看，多么简单。有用的东西，往往是显而易见的，重要的东西，更是显而易见的，以至于太"显而易见"而被大多数人忽略。

请重复以上话术！**如果你没有行动，我们真的没有办法做朋友！**

引导语

你自创的话术:

1. _____

2. _____

3. _____

4. _____

5. _____

6. _____

7. _____

8. _____

9. _____

10. _____

课后作业

作 业 卡

第十二天突破作业

上传话术的录音，并用各种语调进行演绎。

扫描二维码领取作业
完成作业即可获取专属成就卡

慢就是快

DAY
13

观点：慢就是快

就"销售"而言，最重要的是什么？

当年我做销售，是因为实在找不到好的工作才被迫做销售的，因为在我的印象当中，销售是外向的、口才好的人才能做好的工作，而我是一个上学时被誉为全班最老实的人，一个极为内向的人，是不可能做好销售的，因此，刚刚找工作时，我压根没有往这个职业想过。但是没有办法，其他的工作应聘不上，我只好被迫选择销售的工作，后来，我分析了一下，貌似大多数人都和我一样，都是被迫做销售员的。

有人说，在国内，销售这个职业，在社会上地位还是比较低的，貌似排名倒数第三。没有办法，为了生活，选择了，就要做好！销售员都是拿提成工资，不能成交你所付出的一切都是白搭。

刚刚开始做手机销售的时候，我背诵了很多手机型号的功能和配置以及售价。像我这种内向的人，背诵的能力还是有的，不仅仅背诵的能力强，而且还能默写下来，**因此，你可以想象我对产品知识的熟练掌握程度。**

但是，我并没有因为熟练掌握产品的卖点，而成为销售高手，反而，业绩非常差，于是我开始反思，做好销售，最重要的到底是什么？

手机的卖点重不重要？重要。是不是最重要？好像不是！否则虽然我对手机知识、卖点这么熟悉，可业绩还是这么差！

运气，重不重要，重要。是不是最重要？当然不是最重要。后来，我通过观察那些销售冠军和客户是如何沟通的，他们很少说到产品卖点，他们都在做同一件事情：**取得客户信任。**

一切的成交都是建立在客户信任你的基础上，没有之一。哪怕你不懂得产品的卖点，但是只要你取得客户的信任，你就可以把你想要卖的产品卖掉。自此之后，我只说对客户有用的话，站在客户的角度说话，为客户着想，怎么对客户好，就怎么说，怎么让客户感觉到我对他好，我就怎么做。

人老实有个最大的好处就是，给人信任感，我活生生地把自己的劣势变成了自己的优势。

本书中的 222 句核心话术，都是站在客户的角度，为客户考虑，并可以取得客户信任的话术，而不是产品卖点，这也是我为什么让大家一定要把这些话术背诵下来，并要用各种语调反复练习的原因。

这种方法不一定是最快速的，但是一定是最扎实的，一旦掌握了，就终身无法忘掉。

我信奉一句话：Slow is fast.（慢就是快。）

提醒

本书的这些内容，是我从事手机销售 15 年来使用频率最高、最有说服力、最容易成交，且是经过 15 年沉淀依然留在大脑里，可以随时随地被调用的话术精华，这些话术，需要反复练习，并要用各种语调进行反复练习。

如果你不能按照要求持续践行 21 天，真心建议你还是不要看下面的内容了；**如果你打算接下来的 21 天都会按照要求打造自己的销售能力，就可以接着看下去了；**如果你认为内容太简单，你都知道，也不要看下去了，这是你自己缺乏耐心的表现。这些简单得不能再简单的大白话，也正是最有用的，难道不是吗？不要以为只有文盲才是"睁眼瞎"，我们身边就有很多知识渊博的"睁眼瞎"。

必须要明白，我们的任何一种能力都是通过持续练习获得的。通过持续不断地学习，努力实践，让自己做到：

1.把这种销售能力变成一种本能；

2.让这种能力终身有效；

3.靠这种能力提高收入。

那么，做到销售冠军的必要条件如下：

1.超强的应变能力；

2.更多的销售机会（时间）；

3.融会贯通的能力。

要达到以上这三个条件，你可以结合每天的话术自己去思考如何采取大量的行动。

如果你没有行动，我们真的没有办法做朋友。

销售冠军的核心秘诀

重复是学习之母，反复练习，把这些话术刻在脑子里，融入血液里，化到骨髓里。每一句都是独立的一句话，每一句话又可以和其他任何一句组成新的话，慢慢体会。

1. 可以不回答客户的问题，但是永远不可以反问客户问题。

2. 给出客户明确的指令。

3. 使用频率最高的一句话："你可能没有明白我的意思，我再和你说一遍。"当客户拒绝时，就启动这句话，进行话术的循环，直到成交为止。

手机店销售冠军核心话术（配件和增值服务篇）：

1. 无理由保修两年最划算，因为正常情况下，我们都是两年才换一次手机的，除非你特别有钱，一年就换一个，那你就加个一年的保险。当然我建议你加个两年的，毕竟在一年内，人一般都会比较爱惜，但是第二年心态就不同了，毕竟大意失荆州嘛，还是选择两年的吧。

2.如果你更换手机的周期在一年左右的话，那还是选择一年的吧，保费非常超值，还有就是，如果你一年没有出险，你更换手机的时候，我们还有额外的优惠，比如，保险的费用，像车险一样，可以打折啊。

3.在欧美国家，人们的保险意识是很强的，基本上都是加入的，我们国家也是这个趋势，毕竟我们要在自己的思维里逐步建立危机意识，风险可控啊。

4.一旦你拥有了手机保险，等于是在使用手机这件事情上，没有额外支出了。

5.更重要的是，现代社会的诚信度，以及移动互联网带来的便捷，从技术的角度，已经彻底解决了无法出险的问题，对此你无须担心。

6.购买这项服务，我为你节约的不仅仅是钱，还有你的时间，毕竟钱还可以再赚，但是时间有限，是无价的。

7.加入我们的VIP，我们提供的不仅仅是这些看得见的服务，最重要的是，我们提供了一个圈子。

8.我们提供 24 小时上门服务。

9.我们提供上门的维修服务。

10.随着社会的进步，人们的风险意识不断提高。你上了这份手机保险，说明你是与时俱进的。

你看，多么简单。有用的东西，往往是显而易见的，重要的东西，更是显而易见的，以至于太"显而易见"而被大多数人忽略。

请重复以上话术！**如果你没有行动，我们真的没有办法做朋友！**

引导语

你自创的话术:

1. _____

2. _____

3. _____

4. _____

5. _____

6. _____

7. _____

8. _____

9. _____

10. _____

课后作业

作业卡

第十三天突破作业

上传话术的录音，并用各种语调进行演绎。

扫描二维码领取作业
完成作业即可获取专属成就卡

诚实是销售的根本

DAY
14

观点：诚实是销售的根本

我认为，就销售而言：信任 > 口才。

我们说客户认同的观点，我们说客户认同的价值观，为客户省钱，为客户节省时间，为客户提供优质的服务，给客户好的服务态度，向客户详细地介绍产品的卖点，做各种权衡与对比，这些都是取得客户信任的前提。

我们着装整洁，注重礼仪，态度端正，目的是为了让客户喜欢我们，人们天然地对自己喜欢的人信任，这也是信任的前提。

我们尊重客户，这更是信任的前提。

那么，建立信任，最重要的因素是什么？

诚实！

提 醒

本书的这些内容，是我从事手机销售 15 年来使用频率最高、最有说服力、最容易成交，且是经过 15 年沉淀依然留在大脑里，可以随时随地被调用的话术精华，这些话术，需要反复练习，并要用各种语调进行反复练习。

如果你不能按照要求持续践行 21 天，真心建议你还是不要看下面的内容了；**如果你打算接下来的 21 天都会按照要求打造自己的销售能力，就可以接着看下去了；**如果你认为内容太简单，你都知道，也不要看下去了，这是你自己缺乏耐心的表现。这些简单得不能再简单的大白话，也正是最有用的，难道不是吗？不要以为只有文盲才是"睁眼瞎"，我们身边就有很多知识渊博的"睁眼瞎"。

必须要明白，我们的任何一种能力都是通过持续练习获得的。通过持续不断地学习，努力实践，让自己做到：

1.把这种销售能力变成一种本能；

2.让这种能力终身有效；

3.靠这种能力提高收入。

那么，做到销售冠军的必要条件如下：

1.超强的应变能力；

2.更多的销售机会（时间）；

3.融会贯通的能力。

要达到以上这三个条件，你可以结合每天的话术自己去思考如何采取大量的行动。

如果你没有行动，我们真的没有办法做朋友。

销售冠军的核心秘诀

重复是学习之母,反复练习,把这些话术刻在脑子里,融入血液里,化到骨髓里。每一句都是独立的一句话,每一句话又可以和其他任何一句组成新的话,慢慢体会。

1.可以不回答客户的问题,但是永远不可以反问客户问题。

2.给出客户明确的指令。

3.使用频率最高的一句话:"你可能没有明白我的意思,我再和你说一遍。"当客户拒绝时,就启动这句话,进行话术的循环,直到成交为止。

手机店销售冠军核心话术(配件和增值服务篇):

1.加入我们的VIP,购买任何产品都可以积分,积分就是钱,1分等于1元钱。

2.加入我们的VIP,每年你的生日,我们都为你准备生日礼物。

3.成为我们的会员,将为你开通专属的绿色通道。

4.成为我们的会员，我们为你配备专属的客户经理，24 小时为你服务。

5.成为我们的会员，就等于拥有了私人手机顾问。

6.你是我们的大客户，我是你的专属大客户经理，你有任何的问题都可以直接联系我。

7.我们有属于 VIP 的专属 APP，任何的动态信息，尽收在你的手机里，令你不会错过任何一个专属优惠。

8.你可以通过专属的 APP 联系我们的客服，3 分钟以内会有回应，这是我对你的承诺。

9.我们引入了第三方诚信监督机构 Phone 大师，你可以下载 Phone 大师 APP，也可以关注 Phone 大师微信公众平台，有任何的问题，可以直接投诉，为你的权益保驾护航。

10.如果你不相信我说的，你可以在 Phone 大师 APP 上面查询并认证，这是二维码，你扫一下。

你看，多么简单。有用的东西，往往是显而易见的，重要的东西，更是显而易见的，以至于太"显而易见"而被大多数人忽略。请重复以上话术！**如果你没有行动，我们真的没有办法做朋友！**

引导语

你自创的话术:

1. _____

2. _____

3. _____

4. _____

5. _____

6. _____

7. _____

8. _____

9. _____

10. _____

课后作业

作 业 卡

第十四天突破作业

上传话术的录音，并用各种语调进行演绎。

扫描二维码领取作业

完成作业即可获取专属成就卡

爱好是最好的老师

DAY
15

观点：爱好是最好的老师

从 2003 年 4 月到 2004 年 6 月，这期间我在广东的一家陶瓷厂做仓库管理工作，在此之前，大约有 8 个月时间，我都在从事店面一线销售员的工作。像我这样的在学校曾被全班称为"最老实的人"，并且口才又不好，怎么会爱上销售工作的呢？如果你想了解我更多的故事，请去我的第一本书《超越梦想》中寻找！

我不是因为做不好销售而不做销售的，而是要寻找更好的发展，才离开销售岗位。我曾以为办公室工作是我喜欢的，但是我错了，办公室工作枯燥乏味，毫无挑战！我在管理仓库的时候，有大量空闲的时间，却不知道自己要做什么，不由自主地就想起自己做销售的场景，每天面对不同的人，各种各样，高矮胖瘦，男女老少……

我在笔记本上写下和客户沟通的对话内容，把我想表达的话和客户要问的问题，通通都写下来。当时我并不知道，自己为什么会有这样奇怪的行为。

我曾以为我的兴趣一定不是做销售，但是我错了。

我不停地问自己为什么。

终于，我明白了。

是因为我真正学会了如何做销售。

后来，我毅然决然地离开了广东，回合肥继续去做销售。

这段经历，让我明白了，我不是先有的兴趣，而是"会了"以后才有的兴趣。做的时间越长，就越熟练；越熟练就越有兴趣，进入积极的循环。

所谓的兴趣，不过是自己会了。所谓的没有兴趣，只不过是不会之前给自己的借口。其实人的任何兴趣都是可以培养的，我们爱唱歌，因为唱得好；我们爱钓鱼，因为钓得好；我们爱玩，更是因为玩得好。

我们能干好的，被大脑归类为感兴趣的；我们干不好的，被大脑归类为不感兴趣的。

会的 = 爱好；

不会的 = 不爱好；

于是，我们只需要解决"会不会"的问题，就解决了"爱不爱好"的问题。人只能做好自己感兴趣的事情。那么，如果你不感兴趣，怎么办？由易入难，让自己先会。

提 醒

本书的这些内容，是我从事手机销售 15 年来使用频率最高、最有说服力、最容易成交，且是经过 15 年沉淀依然留在大脑里，可以随时随地被调用的话术精华，这些话术，需要反复练习，并要用各种语调进行反复练习。

如果你不能按照要求持续践行 21 天，真心建议你还是不要看下面的内容了；**如果你打算接下来的 21 天都会按照要求打造自己的销售能力，就可以接着看下去了**；如果你认为内容太简单，你都知道，也不要看下去了，这是你自己缺乏耐心的表现。这些简单得不能再简单的大白话，也正是最有用的，难道不是吗？不要以为只有文盲才是"睁眼瞎"，我们身边就有很多知识渊博的"睁眼瞎"。

必须要明白，我们的任何一种能力都是通过持续练习获得的。通过持续不断地学习，努力实践，让自己做到：

1. 把这种销售能力变成一种本能；

2.让这种能力终身有效；

3.靠这种能力提高收入。

那么，做到销售冠军的必要条件如下：

1.超强的应变能力；

2.更多的销售机会（时间）；

3.融会贯通的能力。

要达到以上这三个条件，你可以结合每天的话术自己去思考如何采取大量的行动。

如果你没有行动，我们真的没有办法做朋友。

销售冠军的核心秘诀

重复是学习之母,反复练习,把这些话术刻在脑子里,融入血液里,化到骨髓里。每一句都是独立的一句话,每一句话又可以和其他任何一句组成新的话,慢慢体会。

1.可以不回答客户的问题,但是永远不可以反问客户问题。

2.给出客户明确的指令。

3.使用频率最高的一句话:"你可能没有明白我的意思,我再和你说一遍。"当客户拒绝时,就启动这句话,进行话术的循环,直到成交为止。

手机店销售冠军核心话术(配件和增值服务篇):

1.通过 Phone 大师解决问题,那可是绿色通道。

2.Phone 大师合作的商家,都是具备一定的资质的,你看看这是我们的授权牌。

3.别看我们只有一个店，未来我们会有很多店，即使外地没有我们的店，你也是可以通过 Phone 大师平台来解决你的问题。

4.这是我们本期推出的套餐活动，你看下，最少也为你节约了500 元，毕竟膜和壳，是你肯定需要的。

5.我们之所以推出套餐活动，就是希望给我们的用户以最大的优惠，让我们的每一个用户都可以为我们带来更多的客户，毕竟量大才能赚钱。

6.这个套餐只有学生才可以享受，不是学生是享受不了这个套餐的，不是你说你是学生，就可以的，要凭有效的证件。

7.今天是我们店庆 1 周年，这个套餐是针对我们店庆的，平时是没有的，可以说，是到目前为止，优惠力度最大的一次，机不可失啊，而且套餐的数量有限，售完为止。

8.今天是我们集团成立的 10 周年纪念日，这个活动，10 年才仅此一次，而且数量有限，来这边帮你办理一下手续。

9.今天是我们开业的第一天，只走量，不赚钱，只赚量，希望我们的客户能为我们多多回去宣传，这个套餐优惠的力度高达 1000

元啊。你明天来，绝对没有这个优惠了。

10.今天是教师节，我们针对老师，订制了专属老师的套餐，这里面手机必备的都有了，无须再多花一分钱了，但是必须要出示你的教师证，而且数量是有限的。

你看，多么简单。有用的东西，往往是显而易见的，重要的东西，更是显而易见的，以至于太"显而易见"而被大多数人忽略。

请重复以上话术！如果你没有行动，我们真的没有办法做朋友！

引导语

>>>>>>>>>>>+

你自创的话术:

1. _____

2. _____

3. _____

4. _____

5. _____

6. _____

7. _____

8. _____

9. _____

10. _____

课后作业

作 业 卡

第十五天突破作业

上传话术的录音，并用各种语调进行演绎。

扫描二维码领取作业
完成作业即可获取专属成就卡

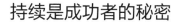

持续是成功者的秘密

DAY
16

观点：持续是成功者的秘密

今天是手机销售冠军核心话术 21 天突破的第三周期第二天，也是第 16 天！能够持续每天践行的，都是好样的！也许这期间很多人因为种种原因中途放弃。

在这里我要提醒大家：中途如有放弃，请重新开始践行。

不是内容不好，也不是方法不行，而是你自己的问题。

只有持续 21 天才有效。持续，只有持续的，才是有价值的。比如，如果我一次性把 21 天的全部内容通过音频直播做一遍，这是很简单的，我抽一天的时间录一遍就可以了，这样，我省了很多事情！但是，我选择用 21 天时间录，21 天时间直播，并且为大家写这本《新零售革命：卓越店长 21 天核心话术突破》，这就变得不再简单了！

如果遇到特殊情况，你会持续下去吗？

一个人想要对你好，就今天而言是能够做到的，100% 能做到，而且要怎么好就怎么好，那么，我们来想象一下，能否持续 1 个月、1 年甚至 10 年？

　　"持续"二字，是很多人的难题，但是也没有难到登天的地步。首先，你必须相信，成功者的能力都是通过一次又一次的不放弃，得到巩固和提高的；其次，你必须笃定，任何成功都需要积累，从量变到质变；第三，你要付出行动，只要开始，就不要停止。

提 醒

本书的这些内容，是我从事手机销售 15 年来使用频率最高、最有说服力、最容易成交，且是经过 15 年沉淀依然留在大脑里，可以随时随地被调用的话术精华，这些话术，需要反复练习，并要用各种语调进行反复练习。

如果你不能按照要求持续践行 21 天，真心建议你还是不要看下面的内容了；**如果你打算接下来的 21 天都会按照要求打造自己的销售能力，就可以接着看下去了**；如果你认为内容太简单，你都知道，也不要看下去了，这是你自己缺乏耐心的表现。这些简单得不能再简单的大白话，也正是最有用的，难道不是吗？不要以为只有文盲才是"睁眼瞎"，我们身边就有很多知识渊博的"睁眼瞎"。

必须要明白，我们的任何一种能力都是通过持续练习获得的。通过持续不断地学习，努力实践，让自己做到：

1.把这种销售能力变成一种本能；

2.让这种能力终身有效；

3.靠这种能力提高收入。

那么，做到销售冠军的必要条件如下：

1.超强的应变能力；

2.更多的销售机会（时间）；

3.融会贯通的能力。

要达到以上这三个条件，你可以结合每天的话术自己去思考如何采取大量的行动。

如果你没有行动，我们真的没有办法做朋友。

销售冠军的核心秘诀

重复是学习之母，需要反复的练习，把这些话术刻在脑子里，融入血液里，化到骨髓里。每一句都是独立的一句话，每一句话又可以和其他任何一句组成新的话，慢慢体会。

1. 可以不回答的客户的问题，但是永远不可以反问客户问题。

2. 给出客户明确的指令。

3. 使用频率最高的一句话："你可能没有明白我的意思，我再和你说一遍。"当碰到客户拒绝，就启动这句话，进行话术的循环，直到成交为止。

手机店销售冠军核心话术（配件和增值服务篇）：

1. 这几天高考，我们针对考生订制了专属套餐，学生必备的装备里面都包括了，而且优惠幅度高达 1000 元，但是必须要出示准考证。对了，数量是有限的，先到先得。

2.这几天高考，我们针对考生订制了专属的活动，只要参加我们的计划，考分可以当钱使用，1分1元钱，直接兑换现金。

3.今天是五一劳动节，我们针对劳动节做了专场的促销活动，劳动者最光荣啊，这个活动非常划算，而且名额有限，你要抓紧时间。

4.我们现在正在做端午节的活动，订制了专属套餐，优惠幅度高达1000元，而且数量有限。

5.今天是中秋节，正好我们新品上市，这个套餐，是我们店长大力推荐的，数量有限。

6.今天是国庆节，也是我们全年活动力度最大的一次，而且年底了，我们要完成厂家的任务，所以赚量不赚钱，这个套餐里面的东西随便哪一样，你在平时这个价位都是买不到的。

7.你来得真巧，我们正好办年底的大促销活动，而且这个活动马上就要结束了，这个活动非常优惠，你看这个就为你节省800元了，你还等什么呢。

8.这个是我们总部做的活动，今天也是最后一天了，赠送500元的代金券，购买任何东西都可以使用的。

9.我们赠送你的这个代金券是放在这个APP上的，你可以通过

APP 赠给你的朋友。

10.本次促销活动送你的 6 个膜，是可以通过 APP 送给你的朋友们的，你知道以前是只能你自己使用的。

你看，多么简单。有用的东西，往往是显而易见的，重要的东西，更是显而易见的，以至于太"显而易见"而被大多数人忽略。

请重复以上话术！**如果你没有行动，我们真的没有办法做朋友！**

引导语

你自创的话术：

1. _____

2. _____

3. _____

4. _____

5. _____

6. _____

7. _____

8. _____

9. _____

10. _____

课后作业

作业卡

第十六天突破作业

上传话术的录音，并用各种语调进行演绎。

扫描二维码领取作业
完成作业即可获取专属成就卡

写作是人最重要的能力

DAY
17

观点：写作是人最重要的能力

你有没有过这样的经历：彻头彻尾地认识到自己的落后，背后一股强烈的凉气，整个身体的毛孔全部竖起来了！

深刻感到知识的匮乏，时不时地会不由自主地想，如果学生时代知道这些知识这么重要就好了，一定会疯狂地学习，把基础知识全部打磨坚实，像概率、逻辑、编程、写作、英语、经济学，等等。

翻开旧时的日记本，看到若干年前写的青涩的文字，不禁感叹，更不禁后悔，为何没有坚持写下去，如果从那时起每天都写并持续到现在，不论好坏，写到今天也该小有成就了吧。

我认为写作是人最重要的能力，这个能力大于其他任何能力，没有之一，因为文字可以影响的人更多，影响的时间更久。

就一直写下去好了，不要考虑什么时候该写，什么时候该停，反正就是一直写下去。

提 醒

本书的这些内容，是我从事手机销售 15 年来使用频率最高、最有说服力、最容易成交，且是经过 15 年沉淀依然留在大脑里，可以随时随地被调用的话术精华，这些话术，需要反复练习，并要用各种语调进行反复练习。

如果你不能按照要求持续践行 21 天，真心建议你还是不要看下面的内容了；**如果你打算接下来的 21 天都会按照要求打造自己的销售能力，就可以接着看下去了；**如果你认为内容太简单，你都知道，也不要看下去了，这是你自己缺乏耐心的表现。这些简单得不能再简单的大白话，也正是最有用的，难道不是吗？不要以为只有文盲才是"睁眼瞎"，我们身边就有很多知识渊博的"睁眼瞎"。

必须要明白，我们的任何一种能力都是通过持续练习获得的。通过持续不断地学习，努力实践，让自己做到：

1. 把这种销售能力变成一种本能；

2.让这种能力终身有效；

3.靠这种能力提高收入。

那么，做到销售冠军的必要条件如下：

1.超强的应变能力；

2.更多的销售机会（时间）；

3.融会贯通的能力。

要达到以上这三个条件，你可以结合每天的话术自己去思考如何采取大量的行动。

如果你没有行动，我们真的没有办法做朋友。

销售冠军的核心秘诀

重复是学习之母，反复练习，把这些话术刻在脑子里，融入血液里，化到骨髓里。每一句都是独立的一句话，每一句话又可以和其他任何一句组成新的话，慢慢体会。

1. 可以不回答客户的问题，但是永远不可以反问客户问题。

2. 给出客户明确的指令。

3. 使用频率最高的一句话："你可能没有明白我的意思，我再和你说一遍。"当客户拒绝时，就启动这句话，进行话术的循环，直到成交为止。

手机店销售冠军核心话术（配件和增值服务篇）：

1. 加赠的这个移动电源，是我通过内部职工的福利为你兑换的哦。

2. 加赠你的这个蓝牙耳机，是我找店长为你特批的。

3. 加98元升级为金卡会员，今天还赠送一次贴膜。

4.加 198 元升级为铂金会员，今天还赠送一套膜壳。

5.加 298 元升级为钻石会员，今天还赠送两套膜壳。

6.充值 1288 元，成为至尊会员，并且这 1288 元还可以用于购买配件。

7.只需要 198 元，这款外壳可以享受以旧换新，等于 198 元买了两个壳，毕竟外壳你是肯定需要的，没有外壳，摔一次至少损失 500 元以上，这个账你肯定比我会算吧？土豪例外。

8.膜你是肯定要贴的，也是一定要贴的，不贴膜和贴膜的二手机差价至少 500 元。不信，你用软件测测。

9.我带你去体验一下我们的新奇特产品，总有一款适合你，看看有什么高科技的产品。

10.基于你的情况，我向你推荐这个产品，无非是希望你用得好，给我介绍更多的客户来。

你看，多么简单。有用的东西，往往是显而易见的，重要的东西，更是显而易见的，以至于太"显而易见"而被大多数人忽略。

请重复以上话术！**如果你没有行动，我们真的没有办法做朋友！**

引导语

>>>>>>>>>>>>>>

你自创的话术:

1. _____

2. _____

3. _____

4. _____

5. _____

6. _____

7. _____

8. _____

9. _____

10. _____

课后作业

作 业 卡

第十七天突破作业

上传话术的录音，并用各种语调进行演绎。

扫描二维码领取作业
完成作业即可获取专属成就卡

制订你的时间安排表

DAY
18

观点：制订你的时间安排表

以下是我一天的时间安排，今天是 2017 年 7 月 5 日：

5:00-5:11，起床，洗漱；（用时 11 分钟）

5:11-7:00，学习英语，教材《*Excellent English Level 1* 》；（用时 109 分钟）

7:00-8:00，《得到》专栏学习，只字不差地阅读订阅的专栏两篇，并在专栏留言。学习专栏《通往财富自由之路》（宁向东清华大学管理课）；（用时 60 分钟）

8:00-8:20，吃早餐；打开 BBC 英语广播，泛听英语；（用时 20 分钟）

8:30-9:00，上班途中，听《得到》专栏的《刘润 5 分钟商学院》《薛兆丰北大经济学课》；（用时 30 分钟）

9:00-10:00，详细回忆昨天一天发生的所有事情，在印象笔记上记录；（用时 60 分钟）

10:00-12:00，集中精力处理公司内部的事情；（用时 120 分钟）

12:00-12:30，吃中饭，戴上耳机听BBC英语广播；（用时 30 分钟）

12:30-13:00，午休；（用时 30 分钟）

13:00-15:00，写手机销售冠军核心话术 21 天突破第 15 天的内容；（用时 120 分钟）

15:00-17:00，集中精力思考公司内部的事情；（用时 120 分钟）

17:00-18:00，抄写当日学习的英语单词，每个10遍；（用时60分钟）

18:00-18:30，下班途中，听BBC英语广播；（用时30分钟）

18:30-19:20，吃完饭，和家人聊会天；（用时 50 分钟）

19:20-20:00，健身；（用时 40 分钟）

20:00-21:00，学习区块链知识；（用时 60 分钟）

21:00-21:30，直播手机销售冠军核心话术 21 天突破第 15 天的内容；（用时 30 分钟）

21:30-23:00，学习英语，教材《*Excellent English Level 1*》；（用时 90 分钟）

23:00，洗澡睡觉。

我第一次意识到要记录时间安排是在 2017 年 2 月 4 日，而真正开始记录的时间是 3 月 1 日。

3 月份记录了 31839 字（实际上包含了 2 月份的）；

4 月份记录了 11301 字（下降了）；

5 月份记录了 60342 字（上升了）；

6 月份记录了 49200 字（稳定了）。

今天，我给你的作业是：拿出一张大白纸，仔细回忆你昨天做过的事情。当你把流水账写出来的时候，你会惊叹，你会立即意识到一些事情，我不会说你意识到什么，总而言之，对你自己肯定是有帮助的。

当你真正意识到这是一个问题的时候，你才会有所行动，而且这件事，任何人都不能帮到你，唯独你自己。

提 醒

本书的这些内容，是我从事手机销售 15 年来使用频率最高、最有说服力、最容易成交，且是经过 15 年沉淀依然留在大脑里，可以随时随地被调用的话术精华，这些话术，需要反复练习，并要用各种语调进行反复练习。

如果你不能按照要求持续践行 21 天，真心建议你还是不要看下面的内容了；**如果你打算接下来的 21 天都会按照要求打造自己的销售能力，就可以接着看下去了；**如果你认为内容太简单，你都知道，也不要看下去了，这是你自己缺乏耐心的表现。这些简单得不能再简单的大白话，也正是最有用的，难道不是吗？不要以为只有文盲才是"睁眼瞎"，我们身边就有很多知识渊博的"睁眼瞎"。

必须要明白，我们的任何一种能力都是通过持续练习获得的。通过持续不断地学习，努力实践，让自己做到：

1.把这种销售能力变成一种本能；

2.让这种能力终身有效；

3.靠这种能力提高收入。

那么，做到销售冠军的必要条件如下：

1.超强的应变能力；

2.更多的销售机会（时间）；

3.融会贯通的能力。

要达到以上这三个条件，你可以结合每天的话术自己去思考如何采取大量的行动。

如果你没有行动，我们真的没有办法做朋友。

销售冠军的核心秘诀

重复是学习之母，反复练习，把这些话术刻在脑子里，融入血液里，化到骨髓里。每一句都是独立的一句话，每一句话又可以和其他任何一句组成新的话，慢慢体会。

1.可以不回答客户的问题，但是永远不可以反问客户问题。

2.给出客户明确的指令。

3.使用频率最高的一句话："你可能没有明白我的意思，我再和你说一遍。"当客户拒绝时，就启动这句话，进行话术的循环，直到成交为止。

手机店销售冠军核心话术（配件和增值服务篇）：

1.你看你是做生意的，肯定希望更多的人知道你的产品，你现在成为我们的会员，我给你一周时间，在我们全国的门店里展示你的产品，你看到我们形象墙上的电视了吧，可以滚动播放你的产品广告，这个价值是很大的，而且我们的客户都像你一样优质，他们都将是你的潜在客户。

2.你看你是做生意的，肯定希望更多的人了解你的产品，你现在成为我们的会员，我让你产品的信息上我们微信公众号的头条，这样我们的客户也就是你的潜在客户了，这个广告费至少也要上万吧，但是你现在只需要加入我们的VIP就可以了。

3.你看你是做生意的，肯定希望更多的人了解你的产品，你现在成为我们的会员，我们可以赠送给你一个我们APP平台上的广告位，可以展示你的产品 10 天的时间。

4.加入我们的保障计划，手机维修不要钱，两年的贴膜不要钱，两年的外壳不要钱，基本上等于一个月一次，简直无懈可击，来这边帮你注册一下。

5.今天是我们第二季手机节活动，我们为这一季订制了最超值的套餐，你看，膜、外壳、移动电源、蓝牙耳机，外加护眼灯，最重要的是配备专属的软件工程师，彻底解决你所有的烦恼。

6.这个是我们针对高端的笔记本用户推出的两种套餐，你选择一下，我建议你拿第二种套餐，增加了很多东西，但是价格才多180元，等于白送了。

7.针对高端的一体机用户，我们订制了专属服务，最重要的是软件方面的解决方案，并且我们都是24小时上门服务的。

8.壳你是肯定要配的，即便不在我们这里，你到外面也要配，这不是你喜欢不喜欢的问题，而是安全问题，那么要挑选出既能解决安全问题又能解决美感问题的外壳，也只有我们专业的配件挑选团队能做到，我拿几款你看下，最重要的是品牌，而不是一味追求便宜的地摊货。

9.我们公司有专业的选件高手，从海量的配件中精挑细选，当然这是我们的核心竞争力，这也是我们能领先同行的原因，我带你到这边来挑选一下，你喜欢的款，第二件7折，第三件5折，活动今天就截止了。

10.我给你推荐的这个移动电源，是出口到美国的，安全级别非常高，绝对不会因为使用不当而引发爆炸。并且今天还有活动，买二送一，活动今天就截止了。

你看，多么简单。有用的东西，往往是显而易见的，重要的东西，更是显而易见的，以至于太"显而易见"而被大多数人忽略。

请重复以上话术！如果你没有行动，我们真的没有办法做朋友！

引导语

你自创的话术:

1. _____

2. _____

3. _____

4. _____

5. _____

6. _____

7. _____

8. _____

9. _____

10. _____

课后作业

作 业 卡

第十八天突破作业

上传话术的录音，并用各种语调进行演绎。

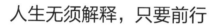

人生无须解释，只要前行

DAY
19

观点：人生无须解释，只要前行

大多数人在成长的过程中习惯高看别人，低看自己。我们总认为出书是那些知识渊博、有写作能力的人才能做的，殊不知，每人每天的日志就已经是写作了。我们总是认为在学校教书的才是老师，殊不知，我们的朋友、家人、同事向你分享他们在某一方面取得的成就时就已经算你的老师了。

人人都可以有很好的成就，关键是要先相信自己一定可以，这是一个前提，毕竟自信才是做成事情的关键因素。但在自己成长的路上，你必然会阶段性地碰到阻碍，会有无数只手在背后拉扯着你——"别走"。

你和原来不同，这让他们感到非常不适，但事实是你在成长。因此，你要有心理准备，不能放弃，继续前行。

在人生的旅途，有的人走了，有的人来了，但唯一不变的是，总有人同行。**默默地去践行，把你的优点、经验、体验变成文字、变成声音、变成画面，让这些去诠释人生。**

提 醒

本书的这些内容，是我从事手机销售 15 年来使用频率最高、最有说服力、最容易成交，且是经过 15 年沉淀依然留在大脑里，可以随时随地被调用的话术精华，这些话术，需要反复练习，并要用各种语调进行反复练习。

如果你不能按照要求持续践行 21 天，真心建议你还是不要看下面的内容了；**如果你打算接下来的 21 天都会按照要求打造自己的销售能力，就可以接着看下去了**；如果你认为内容太简单，你都知道，也不要看下去了，这是你自己缺乏耐心的表现。这些简单得不能再简单的大白话，也正是最有用的，难道不是吗？不要以为只有文盲才是"睁眼瞎"，我们身边就有很多知识渊博的"睁眼瞎"。

必须要明白，我们的任何一种能力都是通过持续练习获得的。通过持续不断地学习，努力实践，让自己做到：

1.把这种销售能力变成一种本能；

2.让这种能力终身有效；

3.靠这种能力提高收入。

那么，做到销售冠军的必要条件如下：

1.超强的应变能力；

2.更多的销售机会（时间）；

3.融会贯通的能力。

要达到以上这三个条件，你可以结合每天的话术自己去思考如何采取大量的行动。

如果你没有行动，我们真的没有办法做朋友。

销售冠军的核心秘诀

重复是学习之母，反复练习，把这些话术刻在脑子里，融入血液里，化到骨髓里。每一句都是独立的一句话，每一句话又可以和其他任何一句组成新的话，慢慢体会。

1.可以不回答客户的问题，但是永远不可以反问客户问题。

2.给出客户明确的指令。

3.使用频率最高的一句话："你可能没有明白我的意思，我再和你说一遍。"当客户拒绝时，就启动这句话，进行话术的循环，直到成交为止。

手机店销售冠军核心话术（配件和增值服务篇）：

1.这款蓝牙耳机，就是最近热映的电影中男主角戴的那款，开车戴蓝牙耳机已经很普遍了。

2.这个麦是网络直播中使用最多的，也是最超值的，更重要的是效果好，毕竟没有什么比效果好更重要的了。

3.我们店销售的所有数据线都是经过官方认证的，这也是我们选件的原则，更是标准，同时售价也是和官网一样的，你还可以享受比官网更便捷的售后服务。

4.这款耳机和你手机原包装的耳机是一模一样的，都是经过官方认证的，同时售价也是和官网一模一样的。你还可以享受比官网更便捷的售后服务。

5.今天你来得真巧啊，今天是我们的会员日，全场配件都是5折起售的，而且仅此一天，这边我带你来选一下。

6.现在加入我们的计划，可以免费更换一次电池，毕竟更换一次电池的价格你是知道的，很贵不是吗？

7.按照国家三包政策，数据线在保的时间是6个月，你现在加入我们的计划，你可以免费更换一次数据线，毕竟原装的数据线还是很贵的。

8.你现在加入我们的计划，可以享受3年保修，我们保修的政策和国家的三包政策是一模一样的。

9.购买配件和购买手机一样，最重要的就是品质，我们首先要考虑的也应该是品质，你认为呢？

10.网上的配件为什么会便宜呢，那么你有没有想过手机为什么没有实体店便宜呢，只有一种解释，品质不同，你想想是不是这个道理呢？

你看，多么简单。有用的东西，往往是显而易见的，重要的东西，更是显而易见的，以至于太"显而易见"而被大多数人忽略。

请重复以上话术！如果你没有行动，我们真的没有办法做朋友！

引导语

你自创的话术:

1. _____

2. _____

3. _____

4. _____

5. _____

6. _____

7. _____

8. _____

9. _____

10. _____

课后作业

作业卡

第十九天突破作业

上传话术的录音，并用各种语调进行演绎。

扫描二维码领取作业
完成作业即可获取专属成就卡

不要想太多，去做

DAY
20

观点：不要想太多，去做

有些事情看似很简单，但却不简单。

在践行的路上，你是否闪现过以下念头：

感觉没什么效果！

我太忙，没时间听！

这段时间心情不好，等过段时间再说，反正内容都在那里，不会丢。

就一天没有听，其他都听了。

昨天和男朋友吵架了。

碰到一个"搅屎"的顾客，没心情学。

学那么好，有啥用，又不指望干一辈子销售。

感觉里面好多话，不适合我。

练什么练，都是骗人的，销售就看心情，心情好就多卖点，心情不好，就懒得张嘴。

又是否会有这样的现象：

一边听，一边和朋友聊天。

听听就走神了。

每天都找人和我对练，觉得好烦哦！

练了这么多天，咋没见业绩增长呢？

唉……算了吧。

……

相信我，你想多了。

我女儿今年 6 岁，以下是她看到的字：

"小猪佩奇"

"佩奇去超市。"

她能认识的字："小猪 XX""XX 去 X 市"，但这丝毫不影响她读完一本书，她并没有因为不认识那些字而去想些什么，忧虑什么，担心什么，懊恼什么。

一个无须验证的事实是，那些不认识的字她有一天一定会认识。

相信我，你真的想多了。

相信自己，持续 21 天。

提 醒

本书的这些内容，是我从事手机销售 15 年来使用频率最高、最有说服力、最容易成交，且是经过 15 年沉淀依然留在大脑里，可以随时随地被调用的话术精华，这些话术，需要反复练习，并要用各种语调进行反复练习。

如果你不能按照要求持续践行 21 天，真心建议你还是不要看下面的内容了；**如果你打算接下来的 21 天都会按照要求打造自己的销售能力，就可以接着看下去了；**如果你认为内容太简单，你都知道，也不要看下去了，这是你自己缺乏耐心的表现。这些简单得不能再简单的大白话，也正是最有用的，难道不是吗？不要以为只有文盲才是"睁眼瞎"，我们身边就有很多知识渊博的"睁眼瞎"。

必须要明白，我们的任何一种能力都是通过持续练习获得的。通过持续不断地学习，努力实践，让自己做到：

1.把这种销售能力变成一种本能；

2.让这种能力终身有效；

3.靠这种能力提高收入。

那么，做到销售冠军的必要条件如下：

1.超强的应变能力；

2.更多的销售机会（时间）；

3.融会贯通的能力。

要达到以上这三个条件，你可以结合每天的话术自己去思考如何采取大量的行动。

如果你没有行动，我们真的没有办法做朋友。

销售冠军的核心秘诀

重复是学习之母，反复练习，把这些话术刻在脑子里，融入血液里，化到骨髓里。每一句都是独立的一句话，每一句话又可以和其他任何一句组成新的话，慢慢体会。

1. 可以不回答客户的问题，但是永远不可以反问客户问题。

2. 给出客户明确的指令。

3. 使用频率最高的一句话："你可能没有明白我的意思，我再和你说一遍。"当客户拒绝时，就启动这句话，进行话术的循环，直到成交为止。

手机店销售冠军核心话术（配件和增值服务篇）：

1. 在同样品质的前提下，线下的实体店，一定比线上便宜，因为线上的运营成本已经高于线下店了，这也是各大电商纷纷布局线下的原因，所以，价格都是由市场来决定的，你更不用担心会买贵了，来这边帮你办理一下手续。

2. 你把你真正的原因说出来，我来找经理帮你解决，相信我一定尽全力帮你解决。

3. 你现在最大的顾虑是什么呢，是因为价格，还是因为品质呢？还是因为我的服务？

4. 你可能没有明白我的意思，我再和你说一遍。

5. 你可能误解我的意思了，我再仔细地和你说一遍。

6. 我有没有把我的意思表达清楚？

7. 我说的你都明白了吗？你都明白了哪些呢？

8. 好！我现在再和你说一遍。

9. 你肯定没有听懂我要表达的意思，你听我再说一遍。

10. 你现在应该明白了吧！来，这边帮你办理一下手续。

你看，多么简单。有用的东西，往往是显而易见的，重要的东西，更是显而易见的，以至于太"显而易见"而被大多数人忽略。

请重复以上话术！如果你没有行动，我们真的没有办法做朋友！

引导语

你自创的话术：

1. _____

2. _____

3. _____

4. _____

5. _____

6. _____

7. _____

8. _____

9. _____

10. _____

课后作业

作业卡

第二十天突破作业

上传话术的录音，并用各种语调进行演绎。

扫描二维码领取作业
完成作业即可获取专属成就卡

关注员工成长是最好的管理

DAY
21

观点：关注员工成长是最好的管理

脑海中有很多想法，但做决策的时候却很纠结，有时候，想清楚非常重要，纠结的本质就是没有想清楚。

只有想清楚自己所要面对的选择，想清楚什么最重要，结果就慢慢地清晰了。在脑海中反复推演要做的事情。

重复并持续练习 21 天。

对于团队管理最重要的是什么？

关注员工的个人成长，保证每个员工每天 1% 的进步，用公司制度去为其保驾护航。把公司内部的全体成员，看作一个学习社群，去用心运营。

只要每个人每天都进步，团队、公司也会进步。

我认为，学习并在工作中实践，是最好的个人成长方式。

让我们这样来思考：公司要成长，没有哪个老板会阻止公司成长；团队要成长，没有哪个管理者会阻止团队成长。不管是团队还是公司，都是由个体组成，只要每个人都在成长，那么团队、公司就必然会成长。

然而，现实情况却是公司里只有老板在成长，团队里只有领导在成长，而基层员工却很少在成长。

从基层员工抓起，公司不需要不上进的人。制定公司制度，颁布学习任务，比如：

1. 全体人员每天早上必须学习《得到》APP上"某某"老师文章，并留言。

2. 每周必须要写一篇原创文章，发表在公司的微信公众号内。

……

授权专人负责监督检查，按照公司规章制度执行。一段时间之后，肯定有人受不了，就离开了，而有人却留下来了。这样坚持下去，优化了人才，企业就会拥有很强大的竞争力。

我认为，团队管理中最重要的就是个人成长。

提醒

本书的这些内容，是我从事手机销售 15 年来使用频率最高、最有说服力、最容易成交，且是经过 15 年沉淀依然留在大脑里，可以随时随地被调用的话术精华，这些话术，需要反复练习，并要用各种语调进行反复练习。

如果你不能按照要求持续践行 21 天，真心建议你还是不要看下面的内容了；**如果你打算接下来的 21 天都会按照要求打造自己的销售能力，就可以接着看下去了**；如果你认为内容太简单，你都知道，也不要看下去了，这是你自己缺乏耐心的表现。这些简单得不能再简单的大白话，也正是最有用的，难道不是吗？不要以为只有文盲才是"睁眼瞎"，我们身边就有很多知识渊博的"睁眼瞎"。

必须要明白，我们的任何一种能力都是通过持续练习获得的。通过持续不断地学习，努力实践，让自己做到：

1.把这种销售能力变成一种本能；

2.让这种能力终身有效；

3.靠这种能力提高收入。

那么，做到销售冠军的必要条件如下：

1.超强的应变能力；

2.更多的销售机会（时间）；

3.融会贯通的能力。

要达到以上这三个条件，你可以结合每天的话术自己去思考如何采取大量的行动。

如果你没有行动，我们真的没有办法做朋友。

销售冠军的核心秘诀

重复是学习之母,反复练习,把这些话术刻在脑子里,融入血液里,化到骨髓里。每一句都是独立的一句话,每一句话又可以和其他任何一句组成新的话,慢慢体会。

1.可以不回答客户的问题,但是永远不可以反问客户问题。

2.给出客户明确的指令。

3.使用频率最高的一句话:"你可能没有明白我的意思,我再和你说一遍。"当客户拒绝时,就启动这句话,进行话术的循环,直到成交为止。

手机店销售冠军核心话术(配件和增值服务篇):

1.相信我,不会错的,来,这边帮你办理一下手续。

2.我把心掏出来给你看下,好不好!相信我,绝对不会错的,来,这边帮你办理一下手续。

3.以后你一定会感谢我的，因为我真的为你省下了很多钱，来这边，帮你办理一下手续。

4.我之所以是销售第一名，就是因为我站在客户的角度，为客户考虑，来，这边帮你办理一下手续。

5.我是这个店面的销售经理，每天都有大量的老客户来找我购买产品，就是因为我这人比较实在，来这边，帮你办理一下手续。

6.为你提供最优化的解决方案，就是我存在的价值，来，这边为你登记一下，办理一下手续。

7.现在我来为你调试手机，以及在手机使用过程中需要注意的问题，我也会详细说明，比如充电的方法等。

8.现在我为你办理手机的国家三包，服务登记办理好以后，手机没出现问题，是不可以退货的。

9.现在我为你注册属于你私人的手机账号，这一切都是免费的。

10.请牢记我为你注册的账号和密码，这是非常重要的，更新软件和系统时，都将用到。

11.好了，你的所有手续都办理好了，欢迎你的下次光临！再见！

你看，多么简单。有用的东西，往往是显而易见的，重要的东西，更是显而易见的，以至于太"显而易见"而被大多数人忽略。

请重复以上话术！**如果你没有行动，我们真的没有办法做朋友！**

引导语

>>>>>>>>>>

你自创的话术:

1. _____

2. _____

3. _____

4. _____

5. _____

6. _____

7. _____

8. _____

9. _____

10. _____

课后作业

作 业 卡

第二十一天突破作业

上传话术的录音，并用各种语调进行演绎。

扫描二维码领取作业

完成作业即可获取专属成就卡

卷后语：

本书的核心是通过持续的 21 天练习，有意识地植入一些清晰并重要的概念在学习者的大脑中，以便在日后的任何场景下自动启动习得的能力。

我在本书中抛砖引玉，各行各业都可以据此生成自己的 222 句核心话术，替换进去进行刻意练习，这是我将本书命名为《新零售革命》的原因所在！

随着社会、行业的不断发展，我们所说的话也会随之改变，融会贯通地自动替换是最佳的策略。

怡秒优品创始人　朱朋虎

2017 年 9 月 1 日